Terceros anales del
CONSERVATORIO nacional de música

Número de Control de la Biblioteca del Congreso de EE. UU.:   2018915277
ISBN: Tapa Blanda   978-1-5065-2779-6
                   Libro Electrónico   978-1-5065-2780-2

Para realizar pedidos de este libro, contacte con:
Palibrio
1663 Liberty Drive
Suite 200
Bloomington, IN 47403
Gratis desde EE. UU. al 877.407.5847
Gratis desde México al 01.800.288.2243
Gratis desde España al 900.866.949
Desde otro país al +1.812.671.9757
Fax: 01.812.355.1576
ventas@palibrio.com
787454

ÍNDICE

INTRODUCCION

Los documentos incluídos en este tercer libro de los Anales del Conservatorio, describen las actividades y reformas que se desarroyaron entre los años 1938 a 1943 cuando El Dr. Adalberto García de Mendoza fue director del Conservatorio Nacional de Música.

La Dirección del Conservatorio formuló una reseña de todas sus actividades que han sido presentadas en los Anales del Conservatorio después de sesenta años de vida. La publicación de esta obra, perfectamente documentada y redactada por el Director, señala un punto de partida histórico de gran trascendencia.

De esta manera, el Conservatorio, de período en período de tiemp ha dado a conocer su vida y su actividad que ha sido desde el punto de vista social, de lo más interesante y digno para México.

Como labor inicial se formó un Nuevo Reglamento del Conservatorio, un nuevo Plan de Estudios y el señalamiento de actividades a las que se debía dedicar especialmente el Instituto.

Tanto el Reglamento anterior como el Plan de Estudios antes mencionado, en el año de 1939 se hicieron reformas en el sentido de aumentar la Sección Prevocacional, dedicada especialente a la educación de los niños.

Se introdujo la Escuela de Teatro, la cual es de enorme interés para la actividad artística del Conservatorio.

Se estableció una carrera corta de Profesor de Enseñanza Elemental de Música para la divulgación de la música en nuestro pueblo, y además, para satisfacer los propósitos del Gobierno en cuanto a la educación del pueblo de toda la República.

Se anexó la Escuela de Danza que forma parte de la finalidad cultural y artística del Conservatorio.

Con el objeto de divulgar la música se establecieron los programas de la Orquesta del Conservatorio y del Coro del Plantel, en algunas ocasiones solo y en otras con participación de la orquesta.

En el aspecto de divulgación cultural y artística, los maestros tomaron participación, disertando sobre temas de pedagogía, Crítica Musical y problemas culturales relacionados con la música. Por este medio, se dieron a conocer obras originales de los estudiantes más avenzados en composisción del Conservatorio.

En lo que respecta a divulgación de Artes Plásticas se organizaron exposiciones en el Salón de Actos de la propia escuela.

Se consiguió una buena colección de discos de música clásica, así como también se procuró ampliar considerablemente la Biblioteca del Conservatorio.

Se adquirió la adquisición del ex-templo de Santa Teresa en su nave principal, habiéndose logrado dicho propósito para la Escuela, un auditorium de proporciones considerables y de una bellaza extraordinaria

Se designó el respaldo econónimco necesario a los estudiantes titulados en el Conservatorio Nacional de Música, y se han logrado acuerdos para que en la Sección de Música, dependiente de Bellas Artes de la Secretaría de Educación Pública se les de el empleo de preferencia a los graduados.

Los Conciertos de la Orquesta Sinfónica y del Coro, fueron dados en el Salón de Espectáculos del Palacio de Bellas Artes. Por primera vez, después de muchos años de inactividad ante el público, la Orquesta de Alumnos del Conservatorio Nacional Nacional de música, actuó de manera continua y brillante.

La labor del Conservatorio, eminentemente social, afirmada por todos los señores Profesores y alumnos, en íntima colaboración con la Dirección del propio Plantel, seguirá su derrotero, máxime que ésta labor será respaldada por los padres y tutores de los alumnos, varias Instituciones de Cultura y muchas personas de la Sociedad, que han visto en nuestra Institución, uno de los orgullos nacionales en el campo de la cultura.

El presente libro, se le anexan documentos relativos a las actividades de la Orquesta, de los Profesores en Conferencias, de los alumnos en audiciones, del Coro y de otras Agrupaciones de Cámara. También se incluyen la correspondencia del Conservatorio en el extranjero, la lista de estudiantes en los años 1939 y 1940 y los Títulos de Maestros de Música graduados en el Conservatorio.

El DIRECTOR
Dr. Adalberto García de Mendoza

AMPLIACIÓN DE LA ACTIVIDAD

DOCENTE EN EL PAIS

CONSERVATORIO NACIONAL
DE MUSICA. -
DIRECCION.
Correspondencia.
469
VII-I-

Rinde informes solicitado por el C. Secretario del Ramo, relativos a los años de 1934 al 1940.

México, D.F. a 4 de abril de 1940. -

Ciudadano JEFE DEL DEPARTAMENTO
DE BELLAS ARTES. -
Presente. -

De acuerdo con las instrucciones que el C. SubSecretario del Ramo giró en su Circular número 75, y las órdenes recibidas de usted por medio de su nota # 3112 de 29 de marzo anterior, tengo la honra de rendir el INFORME DE LAS ACTIVIDADES DE ESTE CONSERVATORIO, durante los años de 1934 a 1940: -

AÑO DE 1934.-Exámenes de admisión a fín de evitar que personas sin aptitudes musicales, pierdan inútilmente el tiempo que podrían aprovechar en otras actividades. Dichas pruebas se hicieron con la valiosa cooperación del Departamento de Psicopedagogía e Higiene de la Secretaría de Educación Pública.

Se llevaron a cabo las Juntas Reglamentarias de Profesores, reformándose los programas de algunas de las asignaturas, por considerarse que tenían deficiencias, poniéndose especial cuidado en los de Solfeo y Teoría Superior de la Música.

Se llevaron a efecto audiciones escolares de práctica, seleccionándose a los alumnos que se distinguieron, para formar con ellos los programas de radio, transmitidos semanariamente por la Estación Difusora de la Secretaría de Educación. El Coro del Conservatorio dió un Concierto mensual por la misma Estación de Radio colaborando así con la obra cultural de la propia Secretaría.

Se proporcionaron colaboraciones para Conferencias, condecoración de banderas, inauguración de la Estación nueva de Radio de la Secretaría de Educación Pública, inauguración de Escuelas, festival de la Escuela Nacional de Maestros, conmemoración del natalicio del Benemérito Benito Juárez, velada en conmemoración de la muerte de Emiliano Zapata, festival en la Secretaría de Guerra y Marina, y velada en el Dia de las Madres.

AÑO DE 1935.-Pruebas de admisión.-Elaboración de un nuevo Plan de Estudios, Reglamento y Programas de clases. Creación del Consejo de Profesores y Alumnos, cuyos miembros se designarán anualmente de entre los señores profesores componentes de las juntas académicas de las diversas asignaturas, así como alumnos representantes de cada materia. Expedición del Reglamento de audiciones de comprobación educacional y del Reglamento de la Biblioteca del Plantel.

Organización de la Orquesta Sinfónica Nacional.

Revisión de Programas de clases. Sistema para conocer el aprovechamiento de los alumnos. Fomento a la producción musical, especialmente de compositores mexicanos.

Concurso para el Poema de la Revolución, en colaboración con el Departamento de Bellas Artes.

El Coro del Plantel y la Orquesta de Alumnos, prestaron colaboración en diversos actos en Escuelas del Distrito Federal y Centros de Trabajo, así como transmisiones por Radio y audiciones en la Sala de Espectáculos del Palacio de Bellas Artes. –

La Orquesta Sinfónica Nacional llevó a cabo su temporada de Conciertos. El número de asistencias a actos culturales de las Agrupaciones arriba mencionadas fué: -Conciertos públicos y populares de la Orquesta Sinfónica Nacional, 3. Tres audiciones por Radio y actos culturales del Coro, 16.

Número de alumnos inscriptos; 315 hombres y 338 mujeres. -

Presentaron exámenes 405 alumnos; concluyeron su carrera, cuatro alumnos y se graduaron también cuatro.

Se llevaron a cabo cinco audiciones privadas y tres audiciones públicas.

Apertura de cursos: día 1° de febrero.- Clausura de clases: día 15 de noviembre. -

Se dio el nombre de "Gustavo E. Campa" a la Biblioteca del Plantel.

Se inauguró una exposición con los premios y diplomas obtenidos por artistas mexicanos, en Europa.

Se llevaron a cabo pruebas de admisión para el ingreso de alumnos al Plantel y los exámenes extraordinarios y a título de suficiencia que marca el Reglamento.

AÑO DE 1936.-Pruebas de admisión.- Número de alumnos inscriptos: 303 varones y 401 mujeres, Total 704.- Se designó el H. Consejo de Profesores que debe actuar en este períodó escolar.- Se hicieron en las juntas del mencionado Consejo, reformas al Plan de Estudios.- Discusión y aprobación de las bases para publicar la Revista Mensual "Cultura Musical", dependiente de este Plantel.

Temporada de Conciertos de la Orquesta Sinfónica Nacional, en el Palacio de Bellas Artes, con audiciones extraordinarias dedicadas a los niños y Sindicatos de Obreros: Total, 14 Conciertos. -

Tres colaboraciones de la Orquesta de alumnos. -

Dos colaboraciones por Radio, mensualmente, del Coro del Conservatorio.

Dicha Agrupación tomó parte además en ocho colaboraciones en diversos centros del Distrito Federal. -

Se organizaron visitas a las Escuelas Primarias, por los Conjuntos Corales de las clases de Solfeo, en número de seis. -

Ocho colaboraciones proporcionadas a la Sección de Divulgación de la Alta Cultura Artística. -

Colaboraciones prestadas por pequeños grupos de alumnos o por solistas, en festivales efectuados en Escuelas Primarias, agrupaciones obreras, etc.

Se efectuaron siete Conferencias a cargo de Profesores del Plantel. -

Se llevaron a cabo cinco Concursos para llenar vacantes en el Coro, designar subdirector de la Orquesta de Alumnos y para ocupar vacantes como Ayudantes en las diversas clases.

Se dictó un Curso de Seminario para Post-Graduados, cuyas Conferencias estuvieron a cargo de algunos de los Maestros del Conservatorio. -

Celebráronse los exámenes extraordinarios y a Título de suficiencia que marca el Reglamento.

Se presentaron dos recitales de fin de carrera. -

Las audiciones de comprobación educacional se efectuaron los martes, jueves y sábados, de cada semana.

Catorce audiciones de alumnos llevadas a cabo por la Estación Radiodifusora del Partido Nacional Revolucionacio. -

AÑO DE 1937.-Pruebas de admisión. -Apertura de cursos: 24 de enero.-Número de alumnos inscriptos: 610.-Las juntas mensuales del H. Consejo, se llevaron a cabo con toda regularidad. -

A instancias de la Dirección del Plantel y del H. Consejo de Profesores y Alumnos, se obtuvo la expedición del Decreto Presidencial que declara obligatoria la enseñanza de la música en los Estados y Municipios de la República. -

Se llevó a felíz término una Semana de Estudios sobre educación musical y un Festival de Música Mexicana, con motivo del Sexagésimo aniversario de la nacionalización del Conservatorio.

Las audiciones de comprobación educaciones se efectuaron como lo determina el Reglamento del Plantel.

Se practicaron exámenes extraordinarios, a título de suficiencia y pruebas de fín de carrera.

Se graduaron cuatro alumnos.

Seis Conferencias por Catedráticos de la propia Escuela. -

La Orquesta Sinfónica Nacional, bajo la Dirección del Director Huésped ERNESTO ANSERMET, presentó tres conciertos en el Palacio de Bellas Artes. La misma Orquesta Sinfónica presto colaboración durante el año, en varias Escuelas del Distrito Federal y presentó sus tres Conciertos de fin de año en el Teatro Hidalgo.

El Coro del Plantel presentó sus audiciones mensuales de Radio y sus tres conciertos reglamentarios de fin decurso, también en el Teatro Hidalgo; así como las colaboraciones que ordenó el Departamento de Bellas Artes

Los Conjuntos corales de las clases de Solfeo, los Conjuntos de Cámara y los alumnos más aventajados, dieron varias colaboraciones en las Escuelas y en diversas manifestaciones culturales.

En el último trimestre del año se llevaron a cabo transmisiones de Radio con profesores y alumnos aventajados del Plantel. -

AÑO DE 1938.-Pruebas de admisión. - Apertura de cursos: día 31 de enero. -Número de alumnos inscriptos, 681.

Las Juntas del H. Consejo y las Académicas de los CC Profesores del Plantel, se llevaron a efecto con toda regularidad, tratándose en ellas todos los problemas pedagógicos que se presentaron a su consideración, aprobándose también algunas reformas al Plan de Estudios que se consideraron ne necesarias para el buen funcionamiento del Plantel. -

Nueve audiciones de comprobación educacional en la que tomaron parte los elementos más destacados del Conservatorio. -

Conforme a lo prevenido por el Reglamento, se efectuaron los exámenes extraordinarios, a título de suficiencia y pruebas profesionales.

Ocho conferencias sustentadas durante el presente año. -

La Orquesta Sinfónica Nacional presentó el 15 de diciembre un concierto sinfónico en el Salón de Espectáculos del Palacio de Bellas Artes, siendo éste el último de la misma, pues por reajuste en el Presupuesto se le quitó al Conservatorio la partida correspondiente para dicha Agrupación artística. -

Se dieron tres conciertos en la Sala de Conferencias del mismo Palacio de Bellas Artes, con elementos del profesorado en su mayoría, en favor de la redención de la Deuda Petrolera.

El Coro del Conservatorio cubrió sus transmisiones dos veces al mes por la Estación de Radio del DAPP, así como los servicios acordados por el Departamento de Bellas Artes.

Los Conjuntos de Cámara, corales y los alumnos aventajados, prestaron diversas colaboraciones artísticas durante el período escolar.

Se contrató al eminente pianista Claudio Arrau para que diera en el mes de septiembre un curso de perfeccionamiento a los alumnos aspirantes al título de Profesor de Música Pianística, inscribiéndose como ejecutantes, 20 alumnos: 15 del Plantel y 5 extraños al mismo Establecimiento, y 150 personas como oyentes.

Se dio la órden de anexión de la Escuela de Danza al Conservatorio Nacional de Música, la cual no fué cumplida.

La Sociedad de Alumnos organizó tres Conferencias, las cuales fueron sustentadas respectivamente, por los CC. Profesores Carlos Chávez, Celestino Gorostiza y Luis Sandi Meneses.

FINES DE 1938 y 1939.-El 16 de diciembre de 1938, tomó posesión de la Dirección el Dr. Adalberto García de Mendoza.- Como labor inicial se formó un nuevo Reglamento del Conservatorio, un nuevo Plan de Estudios y el señalamiento de actividades a las que se debía dedicar especialmente el Instituto.

NUEVO REGLAMENTO.

El Reglamento tiene varias reformas; entre las principales notaremos las siguientes:

1.- La creación de Profesor de Enseñanza Elemental de la Música, de Profesores de Danza y Teatro.-
2.- La separación de estudios vocacionales de estas tres ramas de los propiamente profesionales.-
3.- La creación de Institutos en los Estados de la República, señalándose ocho regiones que musicalmente tienen características propias. –
4.- El funcionamiento de las Academias de Investigación, ampliándose las que en 1929 funcionaron y especialmente dedicadas a la Música Popular, a Nuevas Modalidades y a Historia y Bibliografía.-
5.- La Organización de la Orquesta del Conservatorio de tal manera que su obra sea efectiva en el campo social y además desarrolle una labor eminentemente artística.-
6.- La organización de las actividades del Coro del Conservatorio, con fines absolutamente artísticos.-
7.- La organización de Conferencias, fundamentalmente pedagógicas, desarrolladas por profesores y alumnos.
8.- La creación de una Estación Radiodifusora para transmisiones de música y materias afines así como la reaparición de la Revista musical.-
9.- Las justas relaciones en actividades entre el H. Consejo de Profesores y Alumnos, la Dirección y la Delagación Sindical.

PLAN DE ESTUDIOS.

En el Plan de Estudios se hicieron las siguientes innovaciones:

1.- La especificación de los cursos vocacionales dedicados a la música, a la danza y al teatro; así como de las carreas profesionales en esas mismas asignaturas.-
2.- Se aumentaron materias de naturaleza cultural, pero relacionadas íntimamente con las actividades musicales, de tal manera que su ausencia ha dado lugar a una incapacidad cultural y artística en los profesionales de música. Estas materias fueron: Historia de las Artes Plásticas, Psicología (preliminar de Pedagogía), Introducción al Pensamiento Filosófico (preliminar indispensable para la critica musical y la Estética), Alemán, tres años, (necesaria para toda cultura musical y especialmente para el canto) tercer curso de todos los idiomas (para capacitar a los alumnos en la inteligencia de la cultura de los otros pueblos).

Tercer curso de Historia de la Música (dedicado especialmente a la Historia Contemporánea y al problema de la crítica), Curso práctico de Pedagogía, que se hará en las Escuelas, Sindicatos, Comunidades Agrarias, etc.; Fonética, Declamación Lírica (indispensable para le actuación de los artistas de Canto) Fisiología e Higiene de la Voz, (indispensable para el cantante), Canto Coral, independiente de la clase de Solfeo, (fundamento del sentimiento colectivista de la música), 2° de Acústica (indispensable, ya que un año es insuficiente por la poca preparación matemática y física que los alumnos tienen), Introducción al Pensamiento Literario (con el objeto de completar el concepto de las bellas artes, que en el curso de las Artes Plásticas se incluyen, Pintura, Escultura y Arquitectura). –

La Dirección dio la sugestión de establecer en su oportunidad un Curso de Historia de la Danza, especialmente dedicado a los alumnos que siguen la carrera de Pianista Acompañante.

Además de las carreras tradicionales de música, en materia de Danza se señalan las especializadas en bailes mexicanos, españoles e internacionales y en la carrera de Teatro, las especializadas en expresión hablada y cantante o de Opera.

Tanto el Reglamento anterior como el Plan de Estudios antes mencionado, en el año de 1939 se le hicieron reformas en el sentido de aumentar la Sección Prevocacional, dedicada especialmente a la educación de los niños. Estos cursos prevocacionales contienen iniciación musical y educación auditiva, canto coral, gimnasia rítmica, Historia de la Música, Historia del Arte, Improvisación Musical e Instrumento, (piano, violín, cello, flauta, saxofón, trompeta o clarinete) la edad para pertenecer a estos cursos es de siete a trece años.

En materia de Teatro, se han propuesto cursos especialmente para niños, que comprenderán Declamación Lírica, Español Práctico, Historia General, Prácticas de Coro, de Baile y Escénicas, Literatura Infantil y Teatro de Niños. Se desenvuelve en tres años.

En el curso Vocacional de Teatro, comprendiendo tres años, se hacen estudios de Español, Historia Universal, Idioma (Inglés, Francés, Alemán o Italiano), Fonética, Declamación Lírica, Historia del Teatro, Historia del Traje y del Maquillaje, Literatura General.-

En la carrera de Profesor de Arte Teatral, se incluye el perfeccionamiento de las anteriores y, además, Psicología General y especialmente Telológica, Teatro Contemporáneo, Estética Teatral, Procedimientos Escenográficos y Cursos Analíticos dedicados a los Teatros del Siglo de Oro de España, de Schakespeare, Schiller y Moliere, del moderno O'Neill, Shaw, Pirandello, Lenormand, etc. y teatro revolucionario.

En general se pretende dar un verdadero impulso científico al Teatro, ya que él constituye una de las bases de la cultura y tal vez la más fuerte en el campo de las masas sociales.

PLAN GENERAL DE ACTIVIDADES.

Si ahora nos referimos a los propósitos generales enumerados entonces y realizados en su totalidad, podemos decir que los fines del Conservatorio han sido los siguientes:

1.- Dar a la Institución el carácter social dentro de la cultura artística de nuestro país y favorecer la condición económica de estudiantes y graduados en nuestro Conservatorio.

2.- Establecimiento de una nueva Pedagogía más de acuerdo con finalidades colectivistas y de ennoblecimiento de las masas.

3.- Establecimiento de una carrera corta de Profesor de Enseñanza Elemental de Música, con el objeto de que con los conocimientos necesarios e indispensables puedan algunos estudiantes que no tienen facilidad de llegar a hacer una profesión musical especializada, puedan servir al encauzamiento musical de las colectividades escolares, sindicales y de otra naturaleza, del País. Carrera de emergencia beneficiosa para la divulgación de la música en nuestro pueblo, y además, para satisfacer los propósitos del Gobierno en cuanto a la educación del pueblo de toda la República.

4.- Se ha procurado que exista una enseñanza de aspecto cultural que tienda a perfeccionar los conocimientos musicales y además a facilitar la vida social de los músicos, ya que nuestro Instituto recibe como condición única a los alumnos que cuando menos han cursado la primaria superior.

5.- Así también se ha creído necesario darle el carácter nacional al Conservatorio y para ello establecer Institutos en toda la República, perfectamente controlados por el Conservatorio en cuanto a su aspecto pedagógico, vigilados y orientados por maestros especialmente dedicados a esta actividad. Se han hecho las gestiones para establecer Institutos en Mérida, para la Península, comprendiendo Yucatán, Campeche Quintana Roo y Chiapas; el segundo Instituto en Oaxaca para el el Istmo y la parte Sur de la República, comprendiendo Oaxaca, Tabasco y Veracruz; el tercer Instituto de Culiacán para la región del Pacífico y parte Noroeste de la República comprendiendo Sinaloa, Nayarit, Sonora, Baja California y Chihuahua; el cuarto Instituto en Monterrey para la parte norte de la República comprendiendo Nuevo León, Coahuila, Tamaulipas y San Luis Potosí; el quinto Instituto en Zacatecas, para la parte central del país, comprendiendo Zacatecas, Durango y Guanajuato; el sexto Instituto en Morelia, para la parte del Pacífico y del Centro, comprendiendo Michoacán, México, Guerrero y Morelos; el séptimo Instituto en Guadalajara para la parte del Pacífico y Centro del País, comprendiendo Jalisco, Colima y Aguascalientes; el octavo Instituto en Querétaro para la parte central de la República, comprendiendo Querétaro, Hidalgo, Puebla y Tlaxcala.

En estos Institutos se puede hacer completa la Sección Vocacional, así como la carrera corta de Profesor Elemental en Música.

Al terminar los Cursos vocacionales, se hará la selección de aquellos capacitados para cursos profesionales y cada Estado de la Federación, según su condición económica, enviará pensionados al Conservatorio para que continúen sus carreras respectivas.-

6.- La Dirección ha tenido el propósito de que se dé el respaldo económico necesario a los estudiantes titulados en el Conservatorio Nacional de Música y se han logrado acuerdos para que en la Sección de Música, dependiente de Bellas Artes de la Secretaría de Educación Pública se les dé el empleo de preferencia a los graduados.

7.- La creación de la Escuela de Teatro, es de enorme interés para la actividad artística del Conservatorio.

8.- La anexión de la Escuela de Danza del Conservatorio Nacional de Música, formará parte de la finalidad cultural y artística de la actual Dirección.

9.- El funcionamiento de las Academias de Investigación ha sido intensificado.

La Academia de Estudios Folklóricos tiene por objeto escudriñar, seleccionar y recopilar todas aquellas manifestaciones musicales de carácter popular que son la médula del sentimiento de nuestro Pueblo y para ello organizar suficientemente esta Academia con elementos necesarios para ir a todas las regiones del país y reproducir lo más fielmente sus creaciones musicales, empleando la notación occidental que poseemos, grabación de discos fonográficos, reproducción en fotografías cinematográficas; así como la organización de laboratorio en que los elementos anteriores puedan ser aprovechados para divulgar esta música en forme noble, así como para hacer los textos de nuestras Escuelas sobre una base de sentimiento patrio.

La Academia de Nuevas Posibilidades, estudiará las formas, los nuevos aspectos armónicos contrapuntísticos y orquestales y en general todos los intentos que están realizándose en el momento; para ello hay el propósito de enviar a los alumnos que siguen la carrera de Composición, guiados por maestros, al extranjero, donde la documentación es sumamente vasta.

Por último, la Academia de Historia y Bibliografía, tendrá por objetivo hacer los estudios respectivos tanto de nuestro País como del Extranjero de manera intensiva y perfectamente sistemática.

10.- Con el objeto de hacer una divulgación musical perfectamente ordenada, se establecieron desde los primeros días de 1939, los programas de la Orquesta del Conservatorio en número de 10 y del Coro del Plantel, en algunas ocasiones solo y en otras con participación de la Orquesta.

En esta actividad se ejecutaron las obras sinfónicas siguientes:

Oberturas de Mozart, Beethoven, Weber y Brahms.

Conciertos para piano y orquesta de Bach, Beethoven, Ponce.

Sinfonías de Mozart, Beethoven, Brahms, Franck, Tschaikowsky.

Varias obras de Bach, Haendel, Weber, Brahms, Chopin Wagner y Grieg, Wienawsky, Ricardo Strauss.

Los números corales, comprendieron obras de Monteverdi, Orlando de Laso, Bach, Haendel, Mozart. Janequin, Brahms, Schumann, Strawinsky, Ponce, Mejia Tercero y especialmente el Requiem de Mozart en su totalidad.

Consignamos los Programas respectivos, que fueron en su totalidad ejecutados y en los cuales puede verse una organización estética perfectamente lograda.

Cada uno de estos Conciertos fué dedicado a uno delos más grandes maestros que el Conservatorio ha tenido, así como excelentes compositores y músicos de nuestro País en el pasado, Carlos J. Meneses, Alba Herrera Ogazón, Gustavo E. Campa, Ernesto Elorduy, Antonia Ochoa de Miranda, Alberto Villaseñor, Pedro Valdés Fraga, Marcos Rocha, Felipe Villanueva, Pedro Luis Ogazón, Melesio Morales, Ricardo Castro y César del Castillo, fueron por el momento escogidos, para dignamente homenajearlos.

CONFERENCIAS.

En el aspecto de divulgación cultural y artística, los maestros tomaron participación, disertando sobre temas de pedagogía, Crítica Musical y problemas culturales relacionados con la música. Entre los temas fundamentales podemos mencionar: "El Estudiante de Música. Su evolución psíquica y taleológica", "El Colorido Orquestal", "El Valor Estético Musical como integración de la Persona Culta", "Medios expresivos que empleó Beethoven en su Obra Musical", "El Problema de Politonalismo en la Música Actual", Eugenio Goossen y la Escuela Moderna de Música en Inglaterra", "Albeniz, Turina, Falla y la Música Española Moderna", "Respighi y la Escuela Moderna Italiana de Música", "La Inteligencia y la Emotividad en la Música Contemporánea", "Prokofieff y la Escuela de Música Rusa Moderna", "El Problema del Ritmo, en las Obras Gregorianas y en las Contemporáneas", "Caracteres de la Canción Francesa", "Enseñanza Moderna de la Armonía", "El Universalismo y el Nacionalismo en la Música", "Erick Satie", "El Lied en Schumann", "La Cadencia como médula de la Estética Musical", "La Obra de Claudio Debussy", "Hindemith y las tendencias modernas de la música alemana", "Ricardo Strauss y el poema sinfónico", "El Problema del atonalismo en la música actual", "Sartok y Kodaly. La Música Hungara y Moderna", "La Melodía del Timbre y la obra de Schoenberg", "Anton Brückner y Gustavo Mahler. Su importancia en la Evolución Musical", "La Ciencia y el Arte del Canto".

"El concepto polifónico moderno", Temas desarrollados por el Director Dr. Adalberto García de Mendoza y los maestros Horacio Avila, José Rocabruna, Jesús C. Romero, Luis Guzmán, Manuela Amor de Hill, Jesús Estrada, Rafael J. Tello, Esperanza Cruz, María Appendini de Bigola, Luis G. Saloma, Sonia Verbitzky, Ignacio Montiel y López, Consuelo Escobar de Castro, Juan León Mariscal, Pedro Michaca, Luz Meneses, Francisco Agea, Berta González Peña, María Teresa Elorduy, Miguel C. Meza, Daniel Castañeda, Juan D. Tercero, Candelario Huizar, Jesús Torres, Manuel M. Ponce, Manuel Rodríguez Vizcarra, María Bonilla, David Silva, Lamberto L. Castañares, Aurelio Barrios y Morales, Nabor Vázquez, María García Genda, Ernesto Enrique y Eduardo Pallaros. -Con un total de cuarenta Conferencias, como se puede ver en el texto que adjuntamos. –

11.- En actividades de Radio difusión, se actuó en cuatro estaciones Rediodifusoras, como son la Estación XEYU de la Universidad Nacional de México, XEB del Buen Tono, XEFO de la Cadena Radio Nacional y a control remoto desde el propio Conservatorio Nacional de Música.

12.- En lo que respecta a divulgación de Artes Plásticas se organizó la primera exposición con una duración de un mes en el Salón de Actos de la propia Escuela, con obras de talla directa del Escultor Fidias Elizondo, adjuntamos el folleto respectivo.

13.- En transmisiones por medio del Radio, se dieron a conocer obras originales de estudiantes más aventajados en composición del Conservatorio, habiéndose transmitido obras de Raquel Bustos, Jiménez Mabarak, Galindo, Moreno, Montiel Olvera, Cerbón, Hernández, Contreras, Ayala, Treviño y otros varios. –

14.- Las audiciones de final de año, dadas por alumnos fueron en dos series: la primera participando la mayoría de los estudiantes con el objeto de hacer la selección respectiva y fueron en número de: la segunda, ya seleccionada se realizó en el Palacio de Bellas Artes, en número de cuatro.

15.- Como Cursos Analíticos, es decir, no especificados en nuestro Plan ordinario, se impartieron los siguientes: Steiner, con el Conjunto de Opera de Cámara, habiéndose puesto en su totalidad la obra de Mozart "La Flauta Encantada" El curso sobre el tema "La Música en la Sociedad Europea desde los tiempos primitivos hasta fines del siglo XVIII" dada por el señor Adolfo Salazar y compendiendo 36 conferencias sobre las grandes estructuras de la Música y el tema especificado al principio. Armonía Contemporánea, especialmente dedicado a explicar los sistemas de Ricardo Strauss, Arnold Schoenberg y otros compositores contemporáneos, por el compositor Hana Eisler asistiendo profesionales y estudiantes de Composición.

16.- Se consiguió una buena colección de Discos de música clásica, para las clases de Estética, Crítica Musical, Análisis, Composición, Historia de la Música, etc., así como se ha procurado ampliar considerablemente la Biblioteca del Conservatorio.

17.- A iniciativa de la Dirección, la Sociedad de Alumnos gestionó la adquisición del extemplo de Santa Teresa en su nave principal, habiéndose logrado dicho propósito y adquiriéndose para la Escuela un Auditorium de proporciones considerables y de belleza extraordinaria. Ya se hacen las reparaciones necesarias para su debido acondicionamiento y lograr de esta manera tener un Salón de Espectáculos de primer género.

Conforme al proyecto de la Dirección, se le acondicionarán una antesala, aprovechando dos piezas de las existentes en el Conservatorio, un vestuario y una caseta para instalación do aparatos cinematográficos. Se le proveerá de butacas, plataforma para la Orquesta, órgano eléctrico, reproductores de sonido, acondicionamiento de su propia acústica e instalación de luz indirecta tanto para el salón como para la cúpula; así mismo se han solicitado proyectos para instalar vitrales de la misma naturaleza de los que existen actualmente en cuatro ventanales y con motivos de índole musical, tales como la tetralogía de Wagner y un símbolo de la fraternidad inspirándose en la novena Sinfonía de Beethoven. La nave principal del templo fué cedida al Conservatorio por conducto de la Dirección en el mes de noviembre de 1939.

18.- Los Conciertos de la Orquesta Sinfónica y del Coro, fueron dados en el Salón de Espectáculos del Palacio de Bellas Artes. Por primera vez, después de muchos años de inactividad ante el público, la Orquesta de Alumnos del Conservatorio Nacional de Música, actuó de manera continua y brillante. A mediados del año de 1938, la Orquesta Sinfónica Nacional que había venido actuando dentro del Conservatorio, dejó de existir debido a que su presupuesto se le suprimió para dedicarlo a otra partida del Departamento de Bellas Artes. A fines del mismo año, de una manera provisional actuó- dicha Orquesta Sinfónica Nacional ejecutando obras de autores mexicanos, en concierto que se diera el 16 de diciembre del propio año.

19.- Fué creada la Sección de Divulgación Artística a iniciativa de la Dirección teniendo por objeto el dar facilidades a los alumnos para actuar mediante el pago correspondiente a sus servicios, así como dar mayor impulso a todas las actividades artísticas del Conservatorio, ante el público del País. Dicha Sección comprende las siguientes Mesas: Primera, encargada de proporcionar números musicales a solicitantes, la segunda, dar facilidades a artistas para llevar a cabo conciertos; la tercera, a actividades de radio; la cuarta dirigir la cooperativa de grabación de discos fonográficos y la quinta, la publicación de la Revista Musical.- Cada una de ellas, está a cargo de un profesor y tres estudiantes y se espera que con el tiempo, pueda llevar a cabo sus actividades suficientemente recompensadas económicamente, por la amplitud e importancia de las mismas.

En esta misma Sección ya se han iniciado algunos convenios con estaciones radiodifusoras para que de una manera constante se desarrolle labor, aprovechando un sistema económico equitativo; así también se han proporcionado ya, una gran cantidad de servicios artísticos por parte de alumnos convenientemente remunerados tanto en la Capital como en los Estados de la República. Por medio de esta Sección y de la Dirección, la Orquesta de Alumnos ha participado con remuneración económica suficiente, en varios festivales y uno de ellos organizado por la Colonia Francesa en beneficio de los heridos de la guerra. El Coro ha tenido participación en esa misma forma y posiblemente seguirá actuando en actividades de la Universidad Nacional de México, tal como lo ha hecho.

OTRAS ACTIVIDADES.

1.- Se han verificado con toda regularidad, juntas de profesores de las diversas asignaturas, así como el H. Consejo de Profesores y Alumnos ha llevado a efecto sesiones ordinarias y extraordinarias, para resolver los diversos asuntos presentados en el Plantel.

2.- Se convocó a todos los profesores desde el principio de año, para hacer la reforma necesaria a todos los programas de clases, estableciéndose que cada uno de ellos tenga los motivos por los que se imparte dicha materia, finalidades y propósitos pedagógicos y metodológicos; así como al final se incluya una bibliografía detallada de la asignatura.- En esta actividad se hicieron programas de las nuevas asignaturas por primera vez y en ellos se establecieron relaciones estrechas con la educación musical.

3.- Se ha tenido especial cuidado en la formulación de los Programas de Solfeo, Canto Coral, Idiomas y Materias Academicas. Hablando separado el Solfeo del Canto Coral; por iniciativa de la Dirección se ha dado un interés especialísimo a esta segunda materia, ya que servirá de base para formar grupos corales, una de las manifestaciones más altas de la cultura musical dedicada a las colectividades.

Los Programas de Idiomas han sido reformados, señalándose la preferencia a la fonética de cada uno de ellos y relacionando íntimamente esta educación a todas las actividades musicales. El Programa de Prácticas Pedagógicas, fué formulado por el Director y el Profesor de la Materia, maestro Manuel Barajas, y sobre una estructura estrictamente revolucionaria se han visto los aspectos todos de una nueva pedagogía aplicada a las colectividades obreras, campesinas y del ejercito.-En otras materias se ha tratado de llevar al alumno a una base práctica sobre un desarrollo dialéctico y un criterio colectivista. –

4.- Se graduaron en el presente año, los siguientes profesores:

Juan León Mariscal, Candelario Huizar, Aurelio Barrios y Morales, Pedro Michaca, grados que obtuvieron por merecimientos tanto en asignaturas pagadas en el Establecimiento conforme a Planes de Estudios como su actividad docente durante muchos años.- La titulación de Profesores seguirá adelante, con el objeto de normalizar la situación del profesorado del Conservatorio.

5.- Los alumnos graduados en el Conservatorio durante este año, fueron los siguientes: Armando Montiel Olvera, Elena Cerbón, Renán Cárdenas, María de Jesús Castañeda de Avila, Ernestina González, Agustín Guzmán, Rosario Herrera, María de la Luz Juárez, Micaela Mendoza de Ortíz, María Luisa Rubio, Ana María Romero, Juan Rivero G., Abel Romero Rojas, Magdalena Sotomayor, Carlos Angeles Sagaón, Delio Solis Alvarado, Martiniano Valverde, Guadalupe Vargas y María Teresa Chemín.

Los alumnos que presentaron pruebas prácticas pendientes de la prueba Oral: Luz Subías, Carolina Pérez, Carmen Monroy Nieke, Rosa Margarita Ferreira, Florentina López Mendoza, María Balbás, Beatríz Aguilar.

El número de alumnos inscriptos en este año fué de

6.- A iniciativa de la Dirección el Consejo formuló un Reglamento de relaciones del propio Conservatorio, con las Academias de Música dirigidas por profesores suficientemente reconocidos por su capacidad. Por el texto de este acuerdo, pueden los alumnos de dichas Academias presentar únicamente las materias afines y necesarias a la cerrera de instrumento que ellos estudian particularmente. Se establecen dos clases de Academias en cuanto a esta relación: las primeras de revalidación de sus estudios, por inspección directa del Conservatorio en cuanto al cumplimiento de los programas de instrumentos y certificación de los exámenes respectivos; y las segundas, con el derecho de presentar a sus alumnos, en las materias instrumentales, en exámenes a título de suficiencia.

De esta manera se evita la irregularidad que constantemente se presenta en el Conservatorio, de admitir alumnos provenientes de las Academias, sumamente aventajados en instrumentos o canto, pero debiendo materias indispensables de los primeros años. -Por otra parte, se beneficie a las Academias ya que ellas no pueden sostener en su mayoría profesores de las asignaturas complementarias por el número de sus alumnos y las condiciones económicas.

7.- El Consejo reglamentó las prácticas pedagógicas, materia iniciada en este mismo año, señalándose la obligación a los alumnos de dicha asignatura de hacerlas en Escuelas de normales y anormales, primarias, secundarias y profesionales, así como en Escuelas dependientes de la Secretaría de la Asistencia Pública, Defensa Nacional, Agricultura y Fomento, Departamento del Distrito, etc, -

8.- Se formó el Bloque de Jóvenes Revolucionarios, a iniciativa de alumnos, con el objeto de hacer una labor de afirmación social y con tendencias estrictamente de renovación social conforme a los postulados de la Revolución Mexicana. Este Bloque está integrado por pasantes, alumnos aventajados del Conservatorio y se piensa extender a recien graduados, pon el objeto de hacer de él, una institución, cuyo origen es el Conservatorio y cuyas funciones son eminentemente sociales.

9.- La Dirección del Conservatorio ha formulado una reseña de todas sus actividades, empezando del 16 de diciembre de 1938 a la fecha, que serán tomados como los primeros anales que presenta el Conservatorio después de sesenta años de vida.- La publicación de esta obra, perfectamente documentada y además redactada por el Director, señala un punto de partida histórico de gran trascendencia.

Se procedió a la recopilación de datos que por desgracia son muy pocos, relativos a la historia del Conservatorio desde su fundación en el siglo pasado, para formar el apéndice de los anales, con toda la documentación que se encuentra en archivos del Plantel y además informaciones periodo dísticas y personales.

De esta manera, el Conservatorio, de período en período de tiempo, irá dando a conocer su vida y su actividad que ha sido desde el punto de vista social, de lo más interesante y digno para México.

A mediados de este año de 1939, la profesora Celestina Dambourgés presentó su renuncia como catedrática de Francés de este propio Conservatorio, con objeto de gestionar su jubilación, en virtud de los servicios que por más de treinta años prestó al magisterio, cuya concesión se obtuvo por medio de la cual dicha profesora goza de una pensión mensual.

AÑO DE 1940. –

1.- Al comenzar este año, se nombró una comisión integrada por cinco profesores, para formular el horario de clases, tomando en cuenta todas las materias que fueron aceptadas por la superioridad y la Delegación Sindical, dándole al horario la amplitud que merece, ya que por órden expresa del Cº Secretario de Educación, la Escuela Superior Nocturna de Música que ocupaba el mismo local del Conservatorio después de las diez y ocho horas, va a transladarse a su nuevo edificio sito en la calle de Academia número 12. Estos horarios fueron aprobados por la Jefatura del Departamento de Bellas Artes. –

2.- Se inauguraron las inscripciones el día 16 de enero y el día 7 de febrero, con un acto solemne, las clases.-

3.- El número de alumnos inscriptos en el presente año, hasta la fecha es de 708, incluyendo en este número niños que cursarán la Prevocacional.

4.- Se ha empezado a organizar la Sección Prevocacional, con las materias ya enunciadas dándole un carácter moderno en cuanto a sus procedimientos pedagógicos.

5.- La separación del Conservatorio Nacional de Música de la Escuela Superior Nocturna de Música, se ha realizado, habiéndose acondicionado debidamente el local de la segunda. –

6.- La Orquesta del Conservatorio durante el presente año, dará también una serie de Conciertos y por lo pronto dos se verificarán en el Palacio de Bellas Artes en el presente mes, con las siguientes obras:

7.- La Dirección ha organizado la segunda serie de Conferencias, sustentadas por los Profesores, cuya índole es esencialmente pedagógica. Algunos de los temas de dichas Conferencias son los siguientes: "Mauricio Ravel. Su Estética Musical", "Importancia de las Prácticas Pedagógicas en el Plan de Estudios del Conservatorio", "Importancia de la Literatura en la Producción Musical", "La Psicología Fundamento de la Psicología Musical", "Opiniones de Hoffmann, Gieseking, sobre la técnica y enseñanza pianísticas", "Nuevas aportaciones a la armonía y Principios de su Pedagogía y Metodología, "Caracteres de la Pedagogía Musical para los niños", "Importancia de la Enseñanza de las Artes Plásticas en el Conservatorio", "Caracteres de la Nueva Enseñanza del Violín", "La Opera de Cámara. Su desarrollo actual", "La Radio y la divulgación popular de la música", "Corrientes pedagógicas contemporáneas en los principales Conservatorios. Orientación dada a nuestro Instituto", "El Canto Coral y su importancia en la educación contemporánea", "Nuevas Posibilidades en el campo de la composición musical", "El Folklore Musical en nuestro país", "Importancia de las Bellas Artes en el campo de las formas clásicas, en la creación musical", "La Pedagogía musical en las colectividades", "El Canto llano y la música organística", "Los clavicinistas y el arte pictórico del Renacimiento italiano", "Importancia de la fonética de los idiomas en la música vocal". "La Estética Musical y los estudios científicos de la música", "La enseñanza musical en México durante el período italianizante", "El Fomento de las Bandas Militares de Música", "Igor Strawinsky. Su estética musical", "Caracteres del elemento obrero y su educación musical", "El arte pre-rafaelista en Italia y la obra Musical," etc.

Todas estas Conferencias serán sustentadas por profesores de la Institución los jueves en la noche y los miércoles a medio día.

8.- Se formó la Agrupación "Amigos del Conservatorio" a iniciativa del Director. Esta Asociación estará integrada por los padres y tutores de los alumnos y además por aquellas personas interesadas en el progreso material y moral del Conservatorio. En sesiones convocadas por la Dirección de padres y tutores de los alumnos, fué aprobado el citado proyecto; estableciéndose la obligación de cada padre de familia de contribuir con una cantidad mínima de cincuenta centavos y de las personas que están fuera del Conservatorio y deseen inscribirse, con contribución mensual de uno a cientos, pudiendo ser contribuyentes, organizaciones de cultura, de Banca, de Comercio, etc.

-Se nombró la Mesa Directiva, integrada por dos padres de familia, dos maestros del Conservatorio, dos alumnos, un representante de la Dirección, una Comisión de Hacienda, integrada por representantes de todos los sectores y en donde intervendrá como vigilante, un empleado expresamente designado por el Departamento Administrativo de la Secretaría de Educación Pública.-Fungirá como Presidente honorario de esta Agrupación el Dr. García de Mendoza. como lo aprobó por unanimidad la Asamblea.

9.- Los alumnos graduados en el principio del año, han sido dos: Carmen Monroy Nieke y Rosa Margarita Ferreira.

10.-Los Profesores examinados que tienen como antecedentes haber pagado en años anteriores todas las materias correspondientes a sus carreras profesionales y haber dado sus clases en el Conservatorio durante un período de cinco, treinta y cuarenta años y que únicamente les había pasado su exámen profesional para recibir los títulos correspondientes, fueron los siguientes: Horacio Avila, Nabor Vázquez y Manuel Barajas, exámenes celebrados el día seis del presente mes, con Sinodales titulados.

En lo que lleva transcurrido del año, han fallecido los maestros María de las Mercedes Jaimes e Ignacio Montiel y Lopez. -

La labor del Conservatorio, eminentemente social, afirmada por todos los señores Profesores y alumnos, en íntima colaboración con la Dirección del propio Plantel, seguirá su derrotero, máxime que ésta labor será respaldada por los padres y tutores de los alumnos, varias Instituciones de Cultura y muchas personas de la Sociedad, que han visto en nuestra Institución, uno de los orgullos nacionales en el campo de la cultura. -

Al presente informe, se le anexan documentos relativos a las actividades de la Orquesta, de los Profesores en Conferencias, de los alumnos en audiciones, del Coro y de otras Agrupaciones de Cámara. -

Atentamente, -
EL DIRECTOR.
Dr. Adalberto García de Mendoza. -

INSTITUTOS EN LOS ESTADOS

EL HONORABLE CONSEJO DE PROFESORES Y ALUMNOS DEL CONSERVATORIO NACIONAL DE MUSICA en vista de las facultades que se le han conferido como legítimo representante de todos los elementos de la institución formula y pone en vigor el siguiente REGLAMENTO relativo al funcionamiento de los Institutos Musicales establecidos en 8 diferentes regiones del país.

ESTADOS UNIDOS MEXICANOS, CON EL ESCUDO NACIONAL.

ESCUELA POPULAR DE ARTE.- MERIDA, YUC., Mex.

Oficio número 18. -

ASUNTO:
Los profesores de esta Escuela envían su atento saludo al profesorado del Conservatorio Nacional de Música, agradeciendo el que le fué enviado.

A los CC. Profesores del Conservatorio
Nacional de Música.

MEXICO. D F.

Los profesores de esta Escuela Popular de Arte nos complacemos en agradecer el fraternal saludo que nos fué hecho en representación del profesorado de ese Conservatorio.

Asímismo expresamos que estimamos en toda su significación la visita del señor Dr. don Adalberto García de Mendoza, Director del mismo Conservatorio, quien nos hizo conocer los propósitos de la propia Institución, relativos a la enseñanza musical, así como a su deseo de establecer relaciones de cooperación con esta Escuela y con sus profesores.

Felicitamos a ustedes por su levantada actitud de verdadero compañerismo y esperamos franco entendimiento en beneficio de la enseñanza musical de nuestra Patria.

Atentamente.

SUFRAGIO EFECTIVO. NO REELECCION.

Mérida, Yuc. Méx., febrero 7 de 1939.

POR EL CONSEJO DE ESTA ESCUELA,
EL DIRECTOR.

Armando García Franchi.

EL SECRETARIO.

F. Sosa Heredia.

(RUBRICADOS)

ARTICULO TOMADO DEL "DIARIO DEL SURESTE", DE MERIDA, YUC., DEL JUEVES 2 DE FEBRERO DE 1939.

- - - - - - - - -

LABOR COORDINADA

DEL ESTADO Y LA FEDERACION EN MATERIA DE ARTE.

EL CONSERVATORIO NACIONAL DE MUSICA LA INICIA EN YUCATAN.

Importantes declaraciones hace al DIARIO DEL SURESTE el Dr. Adalberto García de Mendoza, Director de aquella institución, que se encuentra en Mérida.

PROPOSITOS.

La Función Social que está llenando el Conservatorio.- Ventajas que la Coordinación reportaría al Estado.- Elogiosa labor desarrollan ahora los artistas locales.

En una entrevista que tuvimos ayer con el Dr. Adalberto García de Mendoza, Director del Conservatorio Nacional de Música, quien como hemos informado, forma parte de un grupo de destacados intelectuales mexicanos que nos visita, tuvo la atención de informarnos, en detalle, de la misión especial a él encomendada, de procurar las más estrechas y cordiales relaciones con el elemento artístico de Yucatán, de manera muy particular con el musical, cuyas actividades educativas se pretende coordinar con las del Conservatorio Nacional.

FUNCION SOCIAL DEL CONSERVATORIO. -

El Dr. García de Mendoza, hombre de profundos estudios que ha enriquecido su acervo intelectual en jiras por Europa y el Lejano Oriente, nos habló en primer término, de las actividades que el Conservatorio que dirige está desplegando con el propósito de desarrollar, de manera fundamental, una verdadera función social para provecho del pueblo, para lo cual y como resultado de acusiosos estudios, se están implantando verdaderas innovaciones en los programas y planes de trabajo de dicha institución. "El Conservatorio, nos dice, había estado aislado y ahora hay el propósito de extender sus actividades a todos los Estados de la República, de manera muy especial dentro del elemento obrero y campesino, mediante la creación de institutos que se encarguen de hacer extensivas de la manera más eficáz tales actividades, desde los puntos de vista técnico y social".

NUEVOS PLANES DE TRABAJO.

"El Conservatorio, añade, ha modificado sus puntos de vista con relación al aspecto social, y ha creado, en primer término, la Escuela Vocacional, que tendrá por objeto la selección de alumnos y en segundo término, una carrera corta, que pudiéramos llamar de emergencia y que se denominará de profesor elemental de música, para satisfacer las exigencias educativas de los sectores obreros y agrarios"

"Todo esto - continúa- tiene por objeto hacer realidad el decreto Presidencial acerca de la enseñanza elemental de la música en las escuelas"

"Por otra parte, se ha vista la necesidad de implantar la carrera antes citada para que la Sección de Música del Departamento de Bellas Artes, las Secretarías de la Defensa Nacional y de Asistencia Pública, así como las bandas, orquestas y grupos musicales, tengan la oportunidad y la obligación, naturalmente, de aprovechar los servicios de elementos titulados en el Conservatorio.

"La Escuela Vocacional, fundamentalmente, seleccionará a los alumnos para que éstos puedan seguir sus cursos profesionales"

"También ha sido creada la Escuela Nocturna para trabajadores, la cual por el término de que disponen aquellos para sus estudios, funcionará únicamente con caracter vocacional.

LOS PROGRAMAS DEL CONSERVATORIO. -

En cuanto a los programas del Conservatorio, nos hace notar el Dr. García de Mendoza que han sido convenientemente reforzados con cursos especiales de alemán para la carrera de canto, de historia de la música, historia de las artes plásticas, un tercer curso dedicado a la música contemporánea; anatomía y fisiología de la vez prácticas de pedagogía, fonética y declamación lírica, además de un curso de iniciación filosófica que tan útil es para la estética musical.

Los cursos son completos, con profesores completamente preparados como Manuel M. Ponce, Juan León Mariscal, Silvestre Revueltas, Sonia Verbitzki, Luz Meneses y David Saloma.

#El aspecto social es muy interesante, nos dice, pues se tiene el propósito de desarrollar una verdadera función social y para el efecto, hay la tendencia de crear escuelas en todos los Estados con caracteres específicos"

En cuanto al aspecto sindical nos dice que ha merecido especial atención del Conservatorio, en su afán de lograr la total unificación de los músicos, labor ésta en la que se han destacado los profesores Manuel Barajas, José Pomar, y Jaramillo, y nos habla así mismo de las ansias de renovación del grupo de profesores del Conservatorio y del vivo interés que han puesto en la modificación de sus estatutos y programas.

LABOR DE DIFUSION MUSICAL.

Asímismo, nos informa luego que con el mismo fín de extender los conocimientos musicales, se vá a establecer con la cooperación del DAPP, una estación Radiodifusora para Conciertos, conferencias, etc., y se publicará, además, una revista con una sección especial de boletines sobre música.

Después nos refiere que el Conservatorio está logrando sus propósitos de desenvolverse y sus tendencias de renovación, con la decidida ayuda del señor Presidente de la República, general Lázaro Cárdenas y del Secretario de Educación Pública, licenciado Gonzalo Vázquez Vela quienes abiertamente estimulan e impulsan estos trabajos de tendencia puramente social.

Inmediatamente, nuestro entrevistado para a informarnos acerca de su misión especial en Yucatán.

ACTIVIDADES COORDINADAS.

"La misión especial que traigo a Yucatán, dice, es la de hacer gestiones para que sea esta entidad la primera en coordinar sus actividades musicales con los planes de trabajo del Conservatorio, dado el grado de adelanto de su cultura y su tradición.

"La misión que traigo a Yucatán, es la de procurar que se establezcan los más estrechos lazos entre sus elementos artísticos y el Conservatorio que represento, sin pretender, de ningún modo, la supeditación de la Escuela de aquí al Conservatorio, sino con miras únicamente de cooperación técnica y pedagógica, de tal manera que los que sigan aquí sus cursos estén en las mismas condiciones que los alumnos del Conservatorio, en cuanto a sus certificados y a la validéz de sus estudios".

"He entrado en pláticas con los profesores locales y está por resolverse si es de aceptarse el plan de estatutos para la Escuela Vocacional. He pensado que la validéz se extienda a campo más amplio, al de profesor de enseñanza elemental de música, con el objeto de dar el número suficiente de profesores para la enseñanza elemental de la música en todo el país.

"Para llevar a efecto conveniente intercambio, debe contarse con que cuando así lo soliciten, enviaremos brigadas de profesores y alumnos que sustentes conferencias o den conciertos, y ofrecemos desde luego como colaboración, entre otros, la del profesor Jesús Reyes, uno de los elementos más capacitados en la dirección de orquestas.

"La parte económica para llevar a felíz término esta coordinación, el Estado y la Federación podrán resolverla fácilmente.

LA LABOR DE LOS ARTISTAS LOCALES.

"Más adelante añade que conoce ya la labor que está desarrollando la escuela local entre el elemento popular y esta debe tener el carácter de divulgación, estando comprendida por lo tanto, en las Escuelas Vocacionales. Demuestra luego su contento por esta labor del Estado que señala una positiva ventaja en cuanto a estas actividades de que tanto necesita nuestro pueblo y termina elogiando el espíritu revolucionario del grupo de maestros locales.

"Finalmente, nos dice que hace más de dos semanas dirigió atenta nota al señor Gobernador del Estado, ingeniero Humberto Canto Echeverría, en representación del Conservatorio y de las autoridades de Departamento de Bellas Artes, manifestándole sus propósitos a este respecto y cree encontrar en él el respaldo y el apoyo necesarios, dada su cultura y el alto espíritu revolucionario que animan sus actos".

MEMORANDUM.

Al C. Jefe del Dept° de Educación
Pública del Estado de Yucatán.
Presente.

El Conservatorio Nacional de Música deseoso de contribuir con la obra revolucionaria del Gobierno Federal y de los Gobiernos de los Estados, ha formulado un amplio programa para extender la cultura musical a todos los sectores de la población, así como para preparar y encausar los estudios de aquellos elementos capacitados para una enseñanza superior. Para tal objeto ha señalado dos grandes sectores: La Escuela Vocacional que tiene por objeto hacer la selección de alumnos después de un período de tres años y las Escuelas Profesionales de Música, Danza y Teatro.

La Escuela Vocacional, tiene por objeto afirmar la tendencia artística de los educandos reforzándola con disciplinas culturales como son, la Historia de las Artes Plásticas, Idiomas en forma intensiva y otras materias de enorme interés. Entre las Escuelas Profesionales se encuentra la carrera de profesor de Enseñanza Elemental y de la Música que trata de resolver el problema de la enseñanza en las Escuelas Primarias, Secundarias, grupos obreros, Comunidades Agrarias, Ejército y todos aquellos sectores de índole popular.

Esta carrera es relativamente corta y tiene por objeto satisfacer una exigencia nacional y hacer facible el Decreto Presidencial de la enseñanza obligatoria de la Música en las Escuelas. Las otras carreras profesionales que han redondeado con cursos de especialización llamándose a profesores especialistas.

El Conservatorio Nacional de Música, no puede obrar unicamente para un sector reducido como es la Capital de la República. Ha tomado en cuenta, desde el primer instante, a las Entidades Federativas y especialmente aquellos lugares que han servido de sostenes para el desarrollo cultural, encada una de las regiones del país. Es por eso que establecerá Institutos con organización idéntica a la que se sigue en el Conservatorio con puntos estratégicos como son: Mérida para la Península; Oaxaca para el Itsmo y parte sur de la República; Sinaloa para la región del Pacífico y noroeste de la República; Monterrey para la parte norte de la República; Guadalajara y Queretaro, para el centro del País.

Estos Institutos coordinarán sus labores en forma similar a las del Conservatorio Nacional de Música elaborando con el mismo, los planes de estudio, los programas de las materias y recibirán del propio Conservatorio toda la documentación relativa a libros, conferencias, textos, métodos, versiones taquigráficas de Cátedras, revistas, etc.- La aceptación de esta unificación, solo se refiere a la parte técnica y pedagógica, dejando a los Estados la misión administrativa en cuanto al profesorado y demás elementos necesarios en dichos Institutos.

La obligación de inificación de programas, actividades educacionales en todos sus aspectos, de parte de los Institutos, dá el derecho a los mismos para que el Conservatorio de por válidos los estudios vocacionales que en estos se hagan. Un Inspector del Conservatorio visitará constantemente a los Institutos para auxiliarlos en sus labores y para revisar sus actividades.

Los Institutos desarrollarán labores en el campo vocacional y a la terminación de estos cursos harán la selección de aquellos elementos que puedan seguir la profesión con todo éxito.- Para estos elementos el Conservatorio y los Institutos gestionarán que se les concedan becas con el objeto de seguir sus estudios en las carreras profesionales del primero. De esta manera el Conservatorio podrá contar anualmente, con 30 o 40 estudiantes becados por los Estados y la Federación y con la garantía de esperar verdaderos frutos en el campo de la cultura superior de la música. -

Los institutos pueden ampliar sus estudios vocacionales a los de la carrera de profesor elemental de la Música, obteniendo ventajas enormes con esta ampliación. Ya se tiene el arreglo con la Sección de Música del Departamento de Bellas Artes en la ciudad de México, para que anualmente se establezcan las plazas necesarias de profesores encargados de divulgar los conocimientos elementales de la música en las escuelas primarias de la

República. La Dirección del propio Conservatorio gestionará idéntica solución con las Secretarías de la Defensa Nacional y de Asistencia Pública, para dar acomodo en el ejército y en todas las dependencias que la segunda Secretaría tiene.

El Ejército debe abastecerse de Profesores de Música y de Arte ya que en el momento actual se piensa en la superación cultural de estos sectores. Asimismo en las bandas, orquestas y todos los grupos artísticos serán respetados y aprovechados, los servicios de aquellos elementos que hallan recibido título del Conservatorio Nacional y de los Institutos musicales de los Estados. La contribución de los Institutos favorecerá la divulgación de la música en sus regiones respectivas y harán hacer el espíritu artístico tan descuidado en este país.

Los Institutos pueden tener y deben hacerlo, actividades de divulgación artística, formando grupos de obreros, campesinos, niños, etc., que principien sus cursos de Canto Coral, Solfeo, Instrumentos, etc., sin precisión específica y sólo cuando el grupo sea lo suficientemente nutrido. Estos cursos serán de tres meses a lo sumo y ajustándose a las necesidades y posiciones de los educandos. Formularán planes de trabajo que de una manera sistemática llevarán a cabo, en teatros, parques, fábricas, etc. dando a conocer la música con audiciones, conferencias, en donde el elemento artístico tenga su parte fundamental. No se satisface esta divulgación aprovechando los grupos artísticos en fiestas que no tienen un propósito eminentemente artístico.

La Dirección del Conservatorio Nacional en mis manos, tiene por objetivo fundamental, respaldar la conducta revolucionaria de Gobierno, ampliando y divulgando el arte en todas las masas y procurando que la República tenga un horizonte de afirmación musical ya establecido científicamente. Habrá materias de índole absolutamente universal, como el Solfeo y el dictado melódico y polifónico, y otras que varían según la región del páis, en que se opere y tal es el caso de la música de origen maya, yaqui, etc. propias de cada región.

El Reglamento está formulándose y se enviarán en su oportunidad.- Para su elaboración se pedirá la opinión de todos los sectores del país, con el objeto de hacer una labor armónica y seria.

Por último la Dirección del Conservatorio agradece toda la atención que se le ha dispensado por parte del C° Director de la Escuela de Arte Popular y de los señores profesores de la misma, así como las Autoridades del Estado, que por su cultura establecen derroteros serios para su Gobierno.

Mérida, Yuc. febrero 2 de 1939.
EL DIRECTOR DEL CONSERVATORIO NACIONAL DE MUSICA.

Dr. Adalberto García de Mendoza.

Rubricado.

EXPOSICIONES

DE

ARTES PLÁSTICAS

EXPOSICION DE ARTES PLASTICAS.
MOTIVOS.

Consecuentes con la introducción de las cátedras de Artes Plasticas y Literatura, como manifestaciones de las Bellas Artes, las Exposiciones que organizará el Conservatorio tienen como finalidad exclusiva la de ir refinando la cultura artística de los jóvenes estudiantes de Música. Ya se ha indicado en el Proemio de la Cátedra de Artes Plásticas la íntima conexión que existe entre la música y las demás bellas artes, la imposibilidad de que pueda crar o interpretar el músico su propio arte sin tener un sentimiento refinado en los campos de la literatura, la pintura, la escultura, la arquitectura, la danza y demás artes. Es por ello que la Dirección del Conservatorio ha creido pertinente organizar de época en época, de manera regular, exposiciones de pintura, escultura, etc., así como audiciones literarias con el objeto de que los alumnos del Conservatorio se encuentren en ese ambiente de belleza, propio para su actividad musical.

Si a lo anterior agregamos las noticias que sobre Filosofía general, y especialmente sobre Estética y Crítica Musicales se le imparten al estudiante, cabe pensar que con los años lograremos un profesionista que no sea el simple tocador de instrumentos, sino un hombre culto capaz de concebir la belleza y poderla transmitir o crear con la misma potencialidad con la que la ejecutan los más grandes artistas de Europa o países civilizados.

No tendrá de ninguna manera cualquier exposición de Artes Plásticas propósito de extender al público el conocimiento de determinada creación de artes plástico, sino solo y únicamente el de fortalecer el sentimiento artístico del studiante y del profesor conservatorianos. Sin forzamientos de ninguna especie, pero sí con mano maestra por medio de disertaciones, explicaciones y sobre todo del ejemplo vivo, podrá crearse esa persona que en último término constituye al artista culto y por ende capaz de poder captar los sentimientos más íntimos del arte musical.

<u>CONSERVATORIO NACIONAL DE MUSICA</u>

PRIMERA EXPOSICION
ARTES PLASTICAS

1939
TALLAS DIRECTAS DEL ESCULTOR

FIDIAS ELIZONDO

DEL 31 DE JULIO AL 15 DE AGOSTO

10 a 13 Horas y   17 a 18.30 Hs.

<u>SECRETARIA DE EDUCACION PUBLICA</u>
DEPARTAMENTO DE BELLAS ARTES

La Dirección del Conservatorio Nacional de Música, se permite invitar a usted a la apertura de la

**PRIMERA EXPOSICION
DE
ARTES PLASTICAS**

que la Institución organiza con obras del notable escultor FIDIAS ELIZONDO, el día 31 del actual, a las 11 horas.

**EL DIRECTOR,
Dr. Adalberto GARCIA DE MENDOZA**

Mexico, D. F.   *Julio de 1939*

PROGRAMA

DE INAUGURACION PARA EL LUNES 31 DE
JULIO A LAS 11 HORAS EN EL SALON
DE ACTOS DEL PLANTEL

I

CUARTETO NUM. 9 — MI BEMOL MAYOR   *MOZART*

VIOLIN 1°   *CESAR QUIRARTE*
VIOLIN 2°   *LUIS SOSA*
VIOLA   *ALFREDO CARDENAS*
CELLO   *GUILLERMO ARGOTE*

II

"LA ESCULTURA EN LA EPOCA CONTEMPORANEA"

CONFERENCIA *del Dr. y Arquitecto FEDERICO MARISCAL*

III

ALELUYA   *M. M. PONCE*

CANTO. *Srita. RAQUEL FRANCO*
PIANO.

IV

DECLARATORIA DE APERTURA, *por el Dr. ADALBERTO GARCIA DE MENDOZA, Director del*
Conservatorio Nacional de Música.

Próxima
Exposición de las
Obras Escultóricas
de
Ignacio Asúnsolo

DEPARTAMENTO DE BELLAS ARTES

SECRETARIA DE EDUCACION PUBLICA

El Conservatorio Nacional de Música se complace en invitar a Ud. al 1er. recital poético que ofrece el señor profesor

Adolfo Ornelas Hernández

conforme al programa adjunto, en la Sala de Conferencias del Palacio de Bellas Artes, el miércoles 2 del presente a las 21 horas.

El Director.
Dr. Adalberto García de Mendoza

●

México, D. F. agosto de 1939

Cheryl

PROGRAMA

I.

Acuerdate de mi
> Uruapan

Canta Corazón
> Reto

Fuentecita Olvidada
> Filosofía

Madre Mia
> Fui làgrima amarga

Amor mio
> Llueve

II.

Corazón de Mujer
> Nada espero

Paz
> Si tu supieras

El supremo dolor
> Abre tu corazón

Es de noche
> Un beso

Tu cuerpo moreno
> Plegaria Lírica

III.

Romance del caballo tinto
Romance del Barrio de San Juan de Dios
Romance del caballo alazán
Romance a la memoria de
> Federico Garcia Lorca

Romance del marino sin Puerto...................

Conjunto de solistas que actuaron en el concierto a la memoria del maestro Campos. Aparece en el centro, el profesor Tercero, director del coro del Conservatorio Nacional. De izquierda a derecha, señora Luz Jara de Murga, señor Ignacio Guerrero, señorita Concepción de los Santos, señorita Abigail Borbolla, señor Pedro Garnica Neri y señora Aurora Chávez de López.

BIBLIOTECA Y DISCOTECA

BIBLIOTECA. -

La reorganización de la Biblioteca debe establecerse conforme a los cánones de la nomenclatura internacional. El local debe ampliarse considerablemente, para que tanto los alumnos, como el público en general puedan consultar con toda comodidad las obras que se poseen.

Para resolver estos puntos ya se han dado las órdenes para iniciar el nuevo catálogo, tomando en cuenta la clasificación decimal y así también ya se hacen las obras de acondicionamiento del salón 33 y dos departamentos adjuntos para dedicarlos a la Biblioteca, Discoteca y Hemeroteca. Estos últimos locales tendrán acceso de la calle directamente y la estantería en la Biblioteca será repuesta en su totalidad. El local de la discoteca estará demasiado retirado del exterior, lo que facilita la audición condicionándose en sus aspectos acústicos y procurando que el aparato fonográfico tenga los reproductores necesarios en dicho Salón para dar la impresión más real de una audición en Sala de Conciertos. La Hemeroteca se enriquecerá con revistas y periódicos de índole musical de todo el mundo y dará también oportunidad a que se le emplee como sala de estudio.

Además de estas reformas se establecerá un boletín mensual en el que se den a conocer de 30 a 50 obras de las que existen actualmente en la Biblioteca, especificando el contenido de las mismas, su importancia artística y cultural y llevando un comentario breve que será redactado por los maestros de la Escuela, según sus especialidades.

Se harán las negociaciones necesarias para que de la publicación de toda obra musical o artística sea obsequiado un ejemplar a la Biblioteca y se llevarán a cabo cruzadas pro-libro con el objeto de enriquecer esta importante dependencia.

Dr. Adalberto García de Mendoza.

(Rúbrica).-

BOLETINES

DE LA

BIBLIOTECA DEL CONSERVATORIO

NACIONAL DE

MUSICA

CONSERVATORIO NACIONAL DE MUSICA.

BOLETIN NUM. 1.   **Mes de enero de 1,939. -**

1.-ADOLPHE ADAM.

Souvenirs D'UN MUSICIEN, Précédés de notes biographiques écrites par Lui Méme. Calmann-Lévy Editeurs.
Tabla de Materias:
Dédicace.
Notes biographiques.
Boieldieu.
Le clavecin de Marie-Antoinette.
Hérold.
Les concerts d'amateurs. Tribulation d'un musicien.
Les musiciens de Paris.
de l'origine de l'opéra en France.
L'Armide de Lully.
Un début en province.
Le violon de fer-blanc.
Un Musicien du XVIII siécle.
Une conspiration sous Louis XVIII
Jean Jacques Rousseau musicien.
Dalayrac.

2.-AGUERO RECIO PEDRO.

Mozart. Su vida y sus obras. Obra ilustrada con numerosos fotograbados. Cubierta de Plament.Casa Editorial Hispano-Americana.
Capítulos: Nacimiento de Mozart.- Sus padres.-Precoces manifestaciones de su genio.- El primer viaje.- Anécdotas de la infancia del maestro.- Mozart y la Archiduquesa María Antonieta.- El entusiasmo en Viena.- Mozart enfermo. Vuelta a Salzburgo.

3.-AURIOL HENRI.

Décentralisation musicale. Préface de Gabriel Faure. Eugéne Fuguiere Editeurs.-
Capítulo 1º.- Regaín de décentralisation musicales.Groupe de la musique.- Les partisans de la décentralisation musicale.- Capítulo II. Différents de décentralisation musicale.- Capítulo III.- Décentralisation musicale pr les théatres de province.- Capítulo IV.- Aplication de L'Intervention de L'Etat en faveur des Théatres provinciaux.- Capítulo V.- Garantíes entourant l'application du systéme des primes.- Capítulo VI.- Crédits.

4.-ALALEANO DOMENICO.-   Studi su la Storia Dell'Oratorio Musicale, in Italia.-Torino Fratelli Bocca.- Editor. Cap. I.- Iprecedenti lontani e accidentali del l'Oratorio musicale. Le laudi e i mottetti antichi.- La Sacra Reppresentazione.- Cap. II.- La religiositá italiana nel Rinascimento e nella Reazione cattolica.- Gli oratóri.-L'ORATORIO DELLA VALLICELLA IN ROMA.-Cap. III.-San Filippo Neri e l'Oratorio da lui fondato.- Cap. IV.- I. primi discepoli di San Filippo che operarono nell'Oratorio della Vallicella: Giovenale Ancina, Agostino Manni, Franceso Martini, Girolamo Rosini, Cesare Mazzer.- LA EVOLUCIONE DELLA VALLICELA.- Cap. V.-La laude. Cap.VI. La Laude Dramática Narrativa.- Cap. VII.- La revoluzione musicale italiana della fine del cinquecento, e il suo influsso su le musiche degli oratorio.-Cap. VIII. Il Diálogo.- Cap. IX.- L'Oratorio. GLI ALTRI ORATORIO DI ROMA. Cap. X.- L'Oratorio di San Girolamo della Caritá.- Cap.XI. L'Oratorio del Crocifisso e gli oratori latini.-Cap. XII. L'Oratorio, divenuto schiavo del melodramma, ne segue la decadenza.- I principale poeti e musicisti dell'Oratorio.- Estrema decadenza: fino all'Oratorio centone L'Oratorio Scenico.

5.-ALEXANDER J.   "CON AMORE" Poetical introduction to musical instruction. Augeners Edition & C°., London. Translated from the German into English verse by Hugh Jones Contiene versos de todos los signos musicales.

6.-D'ALBERT MARGUERITE.   Rober Schumann, Son oeuvre pour Piano.
Contiene los siguientes Capítulos: 1° Son oeuvres pour piano.- II. Vocation.- III. Tendresse filiale, amour - natal. IV. Nostalgie.- V.Humoresque.- VI. Elément passionel.- VII. Influence de l'amour sur son oeuvre. VIII.-Novelettes.- IX. Sonate en fa diéze mineur.- X. Schumann impressionniste.- XI. Amor de la nature.-XII. Détails intimes.- XIII. Maladie de Schumann. XIV.-Manfred.- XV. Mort de Schumann.

7.-D'ANGELI A.   Guiseppe Verdi. Seconda Edizione. A. F. Formíggini Edi t. Contiene la biografía de Verdi.

8.-AUGE CLAUDE.   Le Livre de Musique. Hollier. Larousse & cie, imprimeurs Editeurs. Paris. Principales materias que contiene este volúmen: Theorie compléte de la Musique. 9 Tableaux synthetiques.- 400 Exercices variés: Duos, Chansonnettes, Canons, Airs militaires, Airs de Chasse. Airs de danse. Marches, etc. etc.- 80Portraits et Biographies des maitres de la musique.- 24 Morceaux empruntés aux oeuvres les plus célébrés.- 12 Choeurs á 2 et 3 voix. 220 gravures.

9.-BAUMANN EMILE.

Les Grandes Formes de la Musique, L'Oeuvre de Camille Saint-Saëns.- Table de materias: Cap. I. -l'oeuvre intérieure.- II.-L'Art.- III.-Les formes.- IV.Musique de Chambre.- V. Concertos.-VI.- Symphonies.- VII.Poémes Symphoniques.- VIII. Mélodies Vocales.- IX. Musique Sacrée.- X.L'Oeuvre Scenique.

10.-BARBEREAU A.

Traite de Composition.- Henry Lemoine & Cie.-Tabla de materias: Des intervalles.- Sisteme Musical, Formation des diverses espéses de gammes, (première étude de la tonalité) Des acords en géneral.- Réalisation des accords consonnaants, isolés et successifs.- Renversements. Suité des régles sur la réalisation.-Relations de tonalité mode majeur.- De la parte superieure (mode majeur) y treinta y dos capítulos más de Armonia y composición.

11.-Bazin Francois.

-Cours D'Harmonie Théorique et Practique. Paris, Lemoine & Fils. Editeurs. 28X19 con 400 páginas.

12.-BEAUQUIER CHARLES.

La Musique et Le Drame.- Etude D'Esthétique. Paris Librairie Sandoz et Fischba cher 1877.

13.-BEETHOVEN.

14.-   "

Trattato di Armonia e di composicione. Prima versione Italiana con note di F. G.Fétis e F. Rossi. G/ Ricordi & C. Editores

15.-BOVET ANNE MARIE.-

Charles Gounod, His Life and his Works. With portrait and facsimiles. London, Sampson Low. Marston, Searle & Rivington 1891. 23 X14 ½ 244 pag.

16.-BLASERNA P. H. HELMHOLTZ.

Le Son et La Musique. Suivis des causes Phisiologiques de L'Harmonie Musicale par H. Hel, holtz. avec 50 figures dans le texte. Sixiéme édition. Paris, Félix Alcan, Editeur. Capítulos que contiene: I. Nature du son. II. Propagation du son. III. Intensité du son IV La Hauteur du son Etc. etc.

CONSERVATORIO NACIONAL DE MUSICA.

BOLETIN NUM. 2. -   **Febrero de 1939. -**

17.-BLAZE DE BURY HENRI   Meyerber et Son Temps. Michel Lévy, Libraires Editores.

18.-BELLAIGUE CAMILLE.-   Les Epoques de la Musique. -Tomo 1° contiene los siguientes capítulos: L'Antiquité.-Le Chant grégorien.- La Polyphonie vocale.- Palestrina.-Les Maitres de la Renaissance francaise.- L'Opera récitatif.- La Cantate et l'Oratorio.

19.-BELLAIGUE CAMILLE.-   Etudes Musicales et nouvelles silhouettes des Musiciens. Paris Librairie CH. Delagrave 1898.-Trata de las materias siguientes: La Musique aupoin de vue sociologique.-La Réalisme et l'ide alisme dans la musique.- Beethoven et ses neuf symphonies.-La Musique Italienne et les deux derniers óperas de Verdi: I. Othello.- II. Falstaff.-Trois Óperas Simboliques.-Les Origines Italiennes de L'Orphée de Gluck.- De l'Exotisme en musique.- Nouvelles silhiuettes de musiciens.

20.-BELLAIGUE CAMILLE.-   Etudes Musicales (Seconde serie) Paris. Librairie CH. Delagrave.- Contiene las siguientes materias: La musique au dix neuviéme siécle.- Un grand musicien réaliste (Moussoorrgki).- Troi Conferences: I. La musique religieuse.- II. Les jeunes filles dans la musique.- III. Verdi. Un Opera National Espagnol (Los Pirineos) Un poeta musicien (Franz Grillparzar). L'Esprit dans la musique.- Dante et la musique. Shakespeare et la musique.- Britton, le petit Charbonnier.- Louis II de Baviére.- Aristote, Glinka, Cimarosa, Beaumarchais, Garat, Domenico Scarlati, Hegel, Monteverdi. Alfred de Musset, Caldera, Kuhnau, Orphéons, Harmonies et fanfares, Saint Augustin, Saint Thomas' d'Aquin, Victoria y Taine.

21.-BELLAIGUE CAMILLE.-   Études Musicales (Troisiém Série) Paris.Librarie CH. Delagrave. Contiene las siguientes materias: Les idées musicales de Aristote, L'Evolution musicales de Nietzsche, De la part de L'Autriche dans l'esprit et dans l'histoire de l'ópera allemand, De quelques ouvragés de Richardd Wagner, Haendel et Gretel, de M. Humperdinck, Du lied allemand, Beethoven, Les que tuoes de Beethoven, Les Sonates de Beethoven, Jean Sébastién Bach. La musicien poéte. La croisade des enfants de M. Gabriel Pierné, Le Requien de M.Gabriel Fauré.

22.-BELLAIGUES CAMILLE.-   Impressions Musicales et Litteraires. Librairie CH. Delagrave.- Paris. Contiene las siguientes materias: Les idées musicales D'unRévolutionnaire Italien.- Un grand musicien conservateur. La Salle du Conservatoire.- La Musique Russe. Le Vaisseau Fanto me.- Don Lorenzo Perosi.- Fidelio Tristán et Iseult. L'Iphegénie en Tauride et L'Ophée de Gluck.

23.-BELLAIGUE CAMILLE.-	Musique Francaise.- Librairie CH. Delagrave. Paris 1887. Contiene las siguientes materias: Un Siécle de Musique Francaise.-Les poésies de Henri Heine.-Robert Schumann. Les Coeurs Bohémies de Moscou.-Moers et Vita.
24.- ” ”	Psychologie Musicale.-Librairie CH. Delagrave. Paris 1893 Contiene las siguientes materias: La Religión dans la Musique. La Nature dans la Musique.-L'Amour dans la Musique.-L'Heroisme dans la Musique.
25.- ” ”	Mozart. Biographie Critique.-Henri Laurens, Editeur. Contiene las siguiente materias: L'Homme et la Vie L'Oeuvre et le Génie.
26.- ” ”	Verdi. Biographie Crítique. Henri Laurens,
27	Editeur Paris.
28.- ” ”	Gounod. Editeur Félix Alcan. Paris 1910. Materias que contiene: Les origines.-L'enfance et la leunesse.-Les annés romaines. Retour a Peris.-Les premiéres euvres jusqu'a Fausto. Philémon et Baucis.-Mirelle.-Romeo et Juliette.-Deux mois a Rome.-Trois ans a Londres.
29.- ” ”	Mendelssohn.-Editeur Félix Alcán. Paris 1907.
30.-BERLIOZ.-	Mémoires, comprenant ses voyages en Italie en Allemagne, en Russie et en Angleterre.-1803-1865.-Editeur, Calmann Lévy.
31.- ”	Les Grotesques de la musique. Nouvelle Edition. Paris Calman Lévy, Editeur.
32.- ”	A Travers Chants. Etudes musicales, Adorations boutades et critiques. Paris Calmann Lévy, Editeur.
33.- ”	Le Chef d'Orchestre, Théorie de son Art. Extrait du grand traté d'instrumentation et d'orchestation moderne.-Deuxiéme Edition.
34.- ”	Les Soirées de L'Orchestre. Paris, Clamann Lévy.Editeur.
35.- ”	Les Musiciens et la Musique.-Paris, Calmann-Levy Editeur.
36.-BERNARD DANIEL	Correspondance inédite de Hector Berltoz 1819-1868. Paris. Calmann Lévy, Edieur.
37.-BERTRAND GUSTAVE.-	Les Nationalités Musicales. Etudiées dans le dramr lirique. Paris. Didier et Ce. Libraires. Editeur. Trata de Gluck, Mozart, Weber, Beethoven, Meyerbeer, Rosinni, Auber, Berlioz, F. David y Glinka.
38.-BELLAIGUE CAMILLE.-	L'Année Musicale. Octuber 1886 a October de 1892. Paris. Librairie Charles Delagrave, Editeur.
44.- 7 Volúmenes	
45.- BIZET.	Letters de Georges Bizet. Impressions de Rome (1857-1860) La Commune (1871) Paris. Calmann Lévy, Editeurs.
46.-BOURGAULT-DUCOUDRAY.-	Schubert. Biographie Critique. Paris. Henri Laurens. Editeur.
47.-BORGEX LOUIS.	Vicent d'Indy. Sa vie et son oeuvre. Paris A. Durand et Fils, Editeur.
48.-BRAGAGNOLO. E. BETTAZZI.-	La Vita de Giuseppe Verdi. Ricordi & C. Editeur.-Milano.
49.-BRENET MICHEL	Haydn. Biografía. Paris. Félix Alcan, Editeurs.
50.- ” ”	L'Année Musicale. Publiée. Paris, Felix Alcalan, Edit

51.- " "	Histoire de la Symphonie a Orchestre, depuis ses origine jusqu'a Beethoven inclusivement, Paris.
52.- " "	Musique et Musiciens de la Vieille. France. Paris. Félix Alcalan.
53.- " "	Palestrina. Paris. Félix Alcan. Editeur.
54.-BREMONT L.	L'ADAPTATION Musicale, son interprétation-son repertoire. Henri Lemoine. Editeur.
55.-BROADHOUSE JOHN.-	Musical Acoustics; or The Phenomena of Sound, as conneted With Music.
56.-BRUNEAU ALFRED	La Musique Francaise. Papport la Musique en france du XIII au XX Sicle. La Musique a Paris en 1900. au Théatre, au concert a l'exposition.
57.-CAFFARELLI FSCO.-	Gli Strumenti ad arco e la Música da Camera. Milano Ulrico Hoepli. Editeur.
58.-Calvocoressi M.D.-	Franz Liszt. Biographie Critique. Paris. Henri Laurens, Editeur.
59.-Calvocoressi M.D.	Moussorgsky.-Biografía. Paris, Féliz Alcan. Editeur.
60.-Calvocoressi M.D.	Schumann. Biografía crítica. Paris. Louis Michaud. Editt
61.-CAMETTI ALBERTO.	Cenni Biografici di Giovanni Pierluigi da Palestrina Edición Ricirdi.
62.-GUSTAVO E. CAMPA.-	Críticas Musicales. Paris.-Sociedad de Ediciones literarias y artísticas.
63.-Pláticas Musicales.- POR JULIAN CARRILLO.	
64.-del CASTILLO MIGUEL.-	Método de Solfeo, especial para Escuelas Normales y Primarias Superiores. Edición del Autor. México.
65.-Codazzi Edgardo.	Manuele di Armonia. Milano. Casa Editrice L.F. Cogliati.
66.-CORDERO JUAN N.-	"La Música Razonada" Vol. V. Estética Teórica y aplicada. México.
67.-CLEMENT FELIX.-	Dictionaire des Operas, contennant l'analyse et la nomenclature de tous les Operas.
68.-COLOMBANI ALFREDO.	Le Nove Sinfonie di Beethoven. Torino Fratelli Bocca Editor.
69.-COMBAIEU	La Musique ses Lois son Evolución. Paris. Ernest
70	Flamarion, Editeur.
71.-COMBARIEU.	Les Repports de la Musique et de la Poésie, considerées aun point de vue de l'expression. Paris. Félix Alcan. Editeur.
72.-COMBARIEU.	Etudes de Philologie Musicale. Theorie du Rythme dans la Composition Moderne, d'aprés la doctrine Antique, suivie d'un Essai sur l'archéologie musicale au XIX Siécle et le Probléme de l'origine des neumes.
73.-COQUARD ARTHUR.-	De la Musique en France depuis Rameau. Paris. Calman Lévy. Editeur.
74.-Curson Henri. Franz Schuber	Esquisse critique suivie du catalogue cronológique et raissonné des lieder et d'une note. Bibliographique.

75.-CURSON HENRI.   Gretri. Biographie critique, ilustrées de douse reproductions hors texte. Paris. Henri Laurens. Editeur.

76.-CURSON HENRI.-   Les Lierder et airs détachés de Beethoven.

77.-CURSON HENRI.-   Meyerbeer. Biographie. Crítique. Henri Leurens, Editeur

78.-CURSON HENRI -   Salammbó. Le poéme et L'Opera.

79.-CURSON HENRI.-   La légende de Sigurd dans L'edda, l'Opéra d'e.Reyer.

80.-CHANTAVOINE.   Beethoven. Biografia crítica. Paris. Félix Alcan. Edit.

81.-CHANTAVOINE.   Correspondance de Beethoven. Paris. Calmann Levy. Edit.

82.-CHANTAVOINE.   Musiciens et Póetes. Paris. Félix Alcan, Editeur.

83.-CHANTAVOINE.   Liszt, Les Maitres de la Músique. Paris Félix Alcand.

84.-CHERUBINI L.   Cours de Contrepoint et de Fugue. Paris. Heugel. Ed.

85.-CHOUQUET GUSTAVE.-   Histoire de la Musique Dramatique en France; depuis ses origines jusqu'a nos jours.

86.-DANHAUSERR A.   Théorie de la Musique.

87.-DANION L.   La Musique et L'Oreille. Bases Rationnulles de la Musique, le faux pas de l'Art. nouveau ou Musique dite de l'Avenir.

88.-DAURIAC LIONAL.   Essai sur L'Esprit Musical. Paris. Félix Alcan. Edit.

89.-DAURIAC LIONEL.   Meyerberr. Biografia Crítica. Paris. Félix Alcan. Edit

BIBLIOTECA DEL CONSERVATORIO NACIONAL DE MUSICA. -

BOLETIN NUMERO 3.-   **MARZO DE 1,939.-**

x-x-x-x-x-x-x-x-x-x-x-x-x-x-x-x-x-x-x-x-x-x-x-x-x-x-x-x-x-x-x-x-x-x-x-x-x-x-x-x-x-x-x-x-x-x-x-x-x-x-x-x-x -x

90.-DAURIAC LIONEL.   Le Musicien Poéte Ricardo Wagner. Etude de Psychologie Musicale, suivie d'une biographie raisonée des ouvrages consultés. Paris, Fischbacher, Editeur.

91.-DAURIAC LIONEL.   Rossini. Biographie Critique. Paris. Henri Laurens, Editeur.

92.-DELDEVEZ. EME.   L'Art du Chef D'Orchestre. Paris. Fermin Didot, Edit.

93.-DESTRANGERS ETIENNE   Consonnances et Dissonances, Etudes Musicales. Paris. Fischbacher, Editeur.

94.-DESTRANGERS ETIENNE   L'Evolution Musicale. Chez Verdi. Aida-OthellóFalstaff. Paris. Librairie Fischbacher, Editeur.

95.-DESTRAGERS ETIENNE   Les Femmes dans l'Oeuvre de Ricardo Wagner. Paris. Librairie Fischbacher. Editeur.

96.-DESTRANGERS ETIENNE   L'Oeuvre Théatral de Meyerbeer, Etude Critique. Paris. Librairie. Fischbacher. Editeur.

97.-Dickinson EDWARD.   The Growth & Delevopment of Music, described in Chapters on the estudy of musical Histori.

98.-DUBOIS T.H.   Notes & Etudes D'Harmonie. Pour servir de Supplement au traité de H. Reber.

99.-DUBOIS Th.   87 Lecons D'Harmonie. Basses et Chants.

100.-Dubois Th.   Traite de Contrapoin et de Fugue. Conrepoint simple. Imitations. Contrepoint double, triple et quadruple. Fugue. Paris. Heugel & Cia. Editeur.

101.-DUMOULIN MAURICE   Favart et Madame Favart. Un ménage d'artistes au XVIII siécle. Louis Michaud. Editeur.

102.-DUPREZ G.   Souvenir d'un Chanteur. Paris. Calmann Lévy. Editeur.

103.-DURAND EMILE.   Théorie Musicale. Paris. Alphonse Leduc, Editeur.

104.-DURAND EMILE.   Traité D'Accompagnement au Piano. Paris. Alphonse Leduc. Editeur.

105. DURAND EMILE.   Traité Complet D'Harmonie Théorique et Practique. Paris. Alphonse Leduc. Editeur.

106.-DURAND EMILE.   Réalisations des lecons du Cours d'Harminie. Paris. Alphonse Leduc. Editeur.

107.-ELTERLEIN ERNEST.   Beethoven's Pianoforte Sonatas. Explained fotthe lovers of the musical art.

108.-ELTERLEIN ERNEST.   Beethoven's Synphonies in their ideal significance London William Reevers. Editeur.

109.-EMMANUEL MAURICE.	Histoire de la Langue Musicale. Antiquité-Moyen. Age. Paris. H. Laurens, Editeur. Renaissance-Epoque Moderne. Epoca contemporánea.
113.-ERGO EM.	Dans les Propylées de L'Instrumentation.
114.-ERNST ALFRED	L'Art de Richard Wagner, L'oeuvre Poétique. Paris. E. Plom, Nourrit, Editeurs 1893.
115.-ERNEST ALFRED & ELIE PORÉE	Etude sur Tannhaeuser de Ricard Wagner. Paris. Calmann Lévy y A. Durand et Fils, Editeurs.
116.-ERNST ALFRED	L'Oeuvre Dramatique de H. Berlioz. Paris, Calmann Lévy, Edit.
117.-GIZZI COSTASTINO FELICE ROSSI LUIGI	Partimenti ossia Bassi Numerati del célebre maestro Fedele Fenaroli e trattato d'accompagnamento. Edición Ricardi.
118.-FÉTIS J. F.	Biographie Universelle Des Musiciens ey Biographie Génerale de la Músique. (Diez Tomos)
128.-FÉTIS.	Histoire Génerale de la Musique, depuis les temps les plus anciens. (del primero al quinto tomo)
133.-FÉTIS	La Musique, mise a la portée De Tout Le Monde, exposé succinct de tout ce qui est nécessaire pour juger de cet art, et pour en parler. Sans en avoir fait une étude approfondie.
134.-FÉTIS.	La Música puesta al alcance de todos, o sea Breves exposiciones de todo lo que es necesario para juzgar de esta Arte y hablar de ella sin haberla estudiado. Traducida y anotada por D. Antonio Fargas y Soler. Barcelona.
135.-FORINO LUIGI	Il Violoncello il Violoncellista ed i Violoncellisti.
136.-Fors Luis Ricardo	Gottschalk. Edición ilustrada.
137.-Gallest Louis	Notes d'un librettiste musique contemporaine, preface de Ludovic Helévy.
138.-GALLET MAURICE	Schubert et le Pied. Paris, Perrin et Cie. Editeur. 1907
139.-GALLI AMITORE.	Estetica della Musica, ossia Del Bello nalla Musica - Sacra, Teatrale e da Concerto, in ordine alla sua storia. Torino Fratelli. Bocca. Editeur.
140.-GALLI AMITORE.	Corso de Musica sacra L'Omofonia della Chiesca Latina e sua Armonizzazione, Nozioni Teorico-practiché dedicate al maestri di Cappela, agli Organisti ed agli Studenti di Composicione.
141.-GALLI AMITORE.	Storia e Teoria del Sistema Musicale Moderno e Corso Completo di Armonia, Contrappunto e fuga.
142.-GALLI AMITORE.	Il Polifonista al Pianoforte. Trattato teorico practico d'armonia. Dedicato ai musicisti di profesione ed ai dilettanti. Arturo Demarchi. Editore. Milano,
143.-GANCHE EDOUARD	Fréderic Chopin, sa vie et sesoeuvres 1810-1849. George Sand. La comtesse Dagoult. Jane W. Stirling. Franz Liszt. Balzac, Delacroix

144.-GASPERINI GUIDO — Storia della Semiografia Musicale. Origine esviluppo della scrittura musicale nelle varie epoche e ne 'vari paesi. Ulrico Hoepli. Editore. Milano.

145.- GASSNER SIMON- FERDINAND — Traite de la Partition ou guide servant, sans maitre a l'instructin des jeunes compositeurs. Ou de ceuxqui désirent apprendre a arranger, a lire la partition ou se former directeurs d'orchestres ou de musique militaire

147.-GAUTHIER VILLARS — Bizet. Bipgraphie quitique. Paris. Henri Laurens. Edt

148.-GAUTIER THEOPHILE — La Musique. Trata de Weber, Beethoven, Mozart, Spontini, Méhul, Meyerber, Halevi, Auber, Adolpho Adam, Rossini, Donizetti, Berlioz, Félicien David, Gounod, Ambroise Thomas, Francois Bazin, Victor Massé, Niedermeyer, Chopin y Ricardo Wagner.

149.-GEVAERT F. A. — Traité D'Harmonie Théorique et Practique. Henri Lemdi ne, Editeur.

150.-GEVAERT F.A. — Cours Méthodique D'Orchestration. Henri Lemoine. Edit.

151.-GILMAN LAWRENCE — Stories of Simphonic Music. A Guide to the meaning of important Synphonies, Overtures, and Tone-Poems From Beethoven ti the present day.

152.-GLYN H. MARGARET — Analysis of the evolution of Musical From

153.-GLYN H. MARGARET — The Rhythmic Conception of Music.

154.-GIBERT MA. DE — Chopin, Sus obras (En español)

155.-GOEPP H. Philip — Synphonies and Their Meaning. Philadelphia & London.- J. B. Lippincott Company. 1905.

156.-Goddard Joseph — The deeper sources of the beauty and expresión of Music With many musical examples.

158.-Goodrich J.A. — Complete Musical Analysis. A Sistem designed to cultivate the art of analyzing and criticising and to asist in the performance and understanding of the works of the great composer of different epochs.

159.-GOURGET EMILE — L'Argot Musical. Curiosités anecdotiques et philologiques.

160.-GOUJON HENRI — L'Expression du Rithme Mental, dans la mélodie et dans la parole. Paris. Henry Laulin. Editeur.

161.ºGOUNOD CHARLES — Le Don Juan de Mozart. Paul Ollendorff. Editeur. Paris

162.- " " — Mémoires D'Un Artiste. Paris. Calmann Lévy. Editeur.

163.-GRAND-CARTERET JOHN — Ricard Wagner en caricatures. 130 reproductions de caricatures Francaises, Allemandes, Anglaises, Italienses. lienses, Portraits, Autographes (Lettre et Musique)

164.-Grats Franz — De L'Harmonie Moderne et de son union avec. La Melodie. Traite Théórique et practique d'Harmonie, de Mélodie, et d'Accompagnement.

165.-GROVE GEORGE. — Beethoven and his Nine Symphonies.

166.-Guiraud ERNEST

Traité Practiques D'INSTRUMENTATION. Paris. Durand et Fils. Editeur.

167.-Hanslick EDOUARD

Du Beau Dans La Musique, essai de réfrome de l'esthetique Musicale.

168.-d'ARCOURT EUGENE

Apercu Analitique de la Premiere Synphonie de Beethoven.

169.-D'HARCOURT EUGENE.

La Musique Actuelle en Italie. Conservatoires, Concerts Theatres, Musique religieuse.

170.-   ”   ”

La Musique actuelle en Allemagne et Autriche-Hongrie. Conservatoires. Concerts. Theatres.

171.-   ”   ”

La Musique Actuelle dans les Etaits Scandinaves. Conservatoires, Concerts, Theatres.

172.-HERBERT MARCEL.

Le sentiment Religieux dans L'oeuvre de Richard Wagner. Jesus de Nazareth, Tetralogie. Tristan e Iseull Parsifal.

173.-HELMHOLTZ

On the sensations of Tone, as a Phisiological basis for the Theory of Music.

174.-Hillemacher

Charles Gounod, Biographie critique.

175.-HOFMANN JOSEF

La ejecución pianística. Un acopio de indicaciones sencillas. Traducción de Alba Herrera y Ogazón.

176.-HOUDARD GEORGES.

Textes Theoriques, extraits des traites de Musique de Hucbald, Odon, Gui & Aribon. Traduits et comentes avec exemples notes. Vade-Mecum de la Rythmique Grégoriene.

BIBLIOTECA DEL CONSERVATORIO.

BOLETIN DE Abril de 1939.

<u>OBRAS DE ROBERTO SCHUMANN</u> de la colección de LEIPZIG BREITKOPF & HARTEL.

El volumen de la serie I. contiene las Partituras de Orquesta de las Obras siguientes:

Sinfonía Nº 1.	Op.	38	en	Si	bemol Mayor.
Sinfonía Nº 2.	Op.	61	en	Do	Mayor.
Sinfonía Nº 3.	Op.	97	en	Mi	bemol.
Sinfonía Nº 4.	Op.	120. en Re menor,

La Partitura para Orquesta de la Segunda serie contiene lo siguientes

Ouverture, Scherzo aud Finale. Op. 52.
Ouverture zu Genoveva. Op. 81
Ouverture zu Braut von Messina. Op. 100.
Ouverture zu Manfred. Op. 115.
Fest Ouverture mit Gesang. Op. 123.
Ouverture zu Julius Cäsar. Op. 128.
Ouverture zu Hermann und Dorothea. Op. 136.
Ouverture zu Goethe's Faust. in D moll.

La Partitura para Orquesta de la Serie III. contiene los siguientes Conciertos:

Phantasie fur Violine mit Orchester. Op. 131 in C dur.
Concert fur Violoncell mit Orchester Op. 129 in A moll.
Concertstuck fur vier Horner mit Orchester. Op. 86. in F dur.
Concert fur Pianoforte mit Orchester. Op. 54 in A moll.
Introduction und Allegro appassionato. Concertstuck fur
Pianoforte mit Orchester. Op. 92 in G, dur.
Concert- Allegro mit Introduction fur Pianoforte mit Orchester Op. 164 in D moll.

La Partitura para cuarteto Serie IV. contiene lo siguiente:

Primer Cuarteto para Violin primero, Violin segundo, Viola y Violoncello. Op.41 Nº 1.
Segundo Cuarteto para Violin primero, Violin segundo, Viola y Violoncello. Op. 41 Nº 2.
Tercer Cuarteto para Violin primero, Violin segundo, Viola y Violoncello. Op. 41 Nº 3.

Partitura para Quintetos de la Serie V. contiene lo siguiente:

Quinteto para Piano, Violin primero, Violin Segundo, Viola, Violoncello. Op. 44.
Cuarteto Op. 47. para Piano, Violin, Viola y Violoncello.

Partitura para piano y otros instrumentos. Serie V. contiene lo siguiente:

Primer Trio para Piano, Violin y Violoncello. Op.63 in D moll.
Segundo Trio para Piano, Violin y Violoncello. Op.80 in F dur.

OBRAS DE ROBERTO SCHUMANN de la Colección de LEIPZIG BREITKOPF & HARTEL.

Serie V. para Piano y otros instrumentos.
El segundo tomo contiene lo siguiente:

Primer Trio para Piano, Violin y Violoncello Op. 63.
Segundo Trio para Piano, Violin y Violoncello Op. 80.
Tercer Trio para Piano, Violin y Violoncello. Op. 110
Fantasía para Piano, Violin y Violoncello Op.88.
Marchenerzahlungen. Vier Stucke para Clarinete (ad libit.) Violine Viola y Piano Op 132.

Serie V. para Piano y otros instrumentos.
El Tercer tomo contiene lo siguiente.

ADAGIO AND ALLEGRO para Piano y Corno (ad libit. Violoncell oder Violine). Op. 70 in As dur.
PHANTASIESTUCKE para Piano y Clarinete (ad libit. Violine oder Violoncell). Op 73. in A moll, A dur, A dur.
ERSTE SONATE para Piano y Violin. Op. 105 in A moll.

ZWEITE GROFSE SONATE para Violin y Piano. Op. 121 in D moll.

MARCHEN-BILDER. Vier Stucke fur Pianoforte und Viola (Violine ad libit) Op. 113
DREI ROMANZEN fur Oboe (ad libit. Violine) und Pianoforte. Op. 94 in A moll, A dur, A moll.
FULF STUCKE im Volkston fur Violoncell (ad libit. Violine) und Pianoforte Op. 102.

SERIE VI Fur ein oder zwei Piano forte zu vier Handen. Contiene lo siguiente:

Fur zwei Pianoforte.
Andante und Variationen. Op. 46.
Fur e in Pianoforte.
Bilder aus Osten. Sechs Impromptus Op. 66.
Zwolf Vierhandige Klavierstucke fur kleine und grofse Kinder.
I. Abth. Op. 85.
Ballscenen. Op 109.
Kinderball. Sechs leichte Tanzstuke. Op. 130.

SERIE VII. FUR PIANOFORTE ZU ZWEI HANDEN.
Primer Tomo.

Variationen uber den Namen "ABEGG" Op. 1.

Papillons. Op. 2.

Studien nach Capricen von Paganini bearbeitet Op. 3.

Intermezzi. Op 4.

Impromptus uber ein Thema von Clara Wieck. Op. 5. Erste und zweite Ausgabe.

Die Davidsbundler. Achtzehn Clarakterstucke. Op 6. Erste und zweite Ausgabe.

Toccata Op. 7.

Allegro. Op. 8.

OBRAS DE ROBERTO SCHUMANN de la Colección de Leipzig Breitkopf & Hartel.

SERIE VII. FUR PIANOFORTE ZU ZWEI HANDEN.
Segundo Tomo contiene lo siguiente:

Carnaval. Scénes mignonnes sur 4 Notes Op. 9.

Sechs Concert-Etuden. Nach Capricen von Paganini. Op. 10.

Grofse Sonate Nº 1. Op. 11.

Phantasiestucke. Op. 12.

Etuden in Form von Variationen (Symphonische Etuden). Op. 13 Erste und zweite Ausgabe.

SERIE VII. FUR PIANOFORTE ZU ZWEI HANDEN.
Tercer Tomo contiene lo siguiente:

Grofse Sonate Nº 3. Op. 14. Erste und zueite Ausgabe.

Kinderscenen. Op. 15.

Kreisleriana. Op. 16.

Phantasie. Op. 17.

Arabeske. Op. 18.

Blumenstuck. Op. 19.

SERIE VII. FUR PIANOFORTE ZU ZWEI HANDEN.
Cuerto Tomo contiene lo siguiente:

Humoreske. Op. 20.

Novelletten. Op. 21.

Sonate Nº 2. Op. 22.

Nachtstucke. Op. 23.

Faschingsschwank aus Wien. Op. 26.

Drei Romanzen. Op. 28.

Scherzo, Gigue, Romanze und Fughette. Vier Clavierstucke. Op. 32.

SERIE VII. FUR PIANOFORTE ZU ZWEI HANDEN.
Quinto Tomo contiene lo siguiente:

Studien fur den Pedalflugel. Sechs Stucke in Kanonischer Form. Op. 56.
Skizzen fur den Padalflugel. Op. 58.
Dreiundvierzig Clavierstucke. Op. 68.
Vier Fugen. Op. 72.
Vier Marsche. Op. 76.
Waldscenen. Neun Clavierstucke. Op. 82.

Serie VII. Fur Pianoforte zu zwei Handen.
Sexto Tomo contiene lo siguente:

Bunte Blatter. Vierzehn Stucke. Op. 99.
Drei Phantasiestucke. Op. III.
Drei Clavier-Sonaten fur die Fugend. Op. 118.
Albumblatter. Zwanzig Clavierstucke. Op. 124.
Sieben Stucke in Fugheteenform. Op. 126.
Gesange der Fruhe. Funf Stucke. Op. 133.

OBRAS DE ROBERTO SCHUMANN de la Colección de Leipzig Breitkof & Hartel.

SERIE VIII. FUR ORGEL. este Tomo contiene lo siguiente:
SECHS FUGEN UBER DEN NAMEN "BACH" fur Orgel (oder Pianoforte mit Pedal) Op. 60.

SERIE IX. GROSSERE GESANGWERKE.
mit Orchester oder mit mehreren Instrumenten. Partitura. GENOVEVA. Opera en Cuatro actos. Op. 81.

SERIE IX. GROSSERE GESANGWERKE.
mit Orchester oder mit mehreren Instrumenten. Partitura, contiene lo siguiente. (Tercer Tomo)

Beim Abschied zu singen fur Chor mit Orchester oder Pianoforte. Op. 84. Verzweifle nicht im Schmerzensthal.
Motette fur doppelten Mannerchor mit Begleitung des Orchesters und der Orgel ad libitum. Op. 93. Requiem
fur Mignon aus Goethes Wilhelm Meister Fur Chor, Solostimmen und Orchester. Op. 98.
Nachtlied fur Chor und Orchester. Op. 108.
Der Rose Pilgerfahrt. Marchen nach einer Dichtung von Moritz
Horn fur Solostimmen, Chor und Orchester. Op. 112.

SERIE IX. GROSSERE GESANGWERKE.
mit Orchester oder mit mehreren Instrumenten. Partitura.
El cuarto Tomo contiene lo siguiente:

MANFRED. Dramatisches Gedicht in drei Abtheilungen von Lord Byron Op. 115.
DER KONIGSSOHN. Ballade von Luwig Uhland fur Solostimmen, Chor und Orchester. Op. 116.

FUNF GESANGE aus Laube's Jagdbrevier fur vierstimmigen Mannerchor (mit Begleitung von 4 Hornern ad libitum) Op. 137.

DES SANGERS FLUCH. Ballade nach Ludwig Uhland bearbeitet von Richard Pohl fur Solostimmen, Chor und Orchester. Op. 139.

SERIE IX. GROSSERE GESANGWERKE.

mit Orchester oder mit mehreren Instrumenten. (Partitura)

VOM PAGEN UND DER KONIGSTOCHTER. Vier Balladen von Em. Geibel fur Solostimmen, Chor und Orchester. Op. 140. el quinto tomo contiene lo siguiente:

BALLADE II.

BALLADE III.

BALLADE IV.

DAS GLUCK von Edenhall. Ballade nach Ludwig Uhland, bearbeitet von Hasenclever fur Mannerstimmen, Soli und Chor mit Begleitung des Orchester. Op. 143.

HEUJAHRSLIED von Fr. Ruckert fur Chor mit Begleitung des Orchester Op. 144.

SERIE IX. GROSSERE GESANGWERKE.

Mit Orchester oder mit Mehreren Instrumenten. (Partitura)

El sexto Tomo contiene lo siguiente:

MESSE fur vierstimmigen Chor mit Begleitung des Orchester. Op. 147.

REQUIEM fur Chor und Orchester. Op. 148.

BIBLIOTECA DEL CONSERVATORIO.

BOLETIN DE Septiembre de 1939.

OBRAS DE ROBERTO SCHUMANN. de la colección de LEIPZIG BREITKOPF & HARTEL.

SERIE IX. GROSSERE GESANGWERKE. mit Orchester oder mit mehreren instrumenten. (Partitura) contiene lo siguiente:

DAS PARADIES UND DIE PERI. Fur solostimmen, Chor und Orchester. Op.50.

SERIE X. MEHRSTIMMIGE GESANGWERKE MIT PIANOFORTE. Partitura. El Primer Tomo contiene lo siguiente:

VIER DUETTE. Fur Sopran und Tenor. Op. 34.
DREI LIEDER. Fur zwei Singstimmen. Op. 43.
VIER DUETTE. Fur Sopran und Tenor. Op. 78.
MADCHENLIEDER. von E. Kulmann fur zwei Singstimmen. Op. 103.

SERIE X. MEHRSTIMMIGE GESANGWERKE MIT PIANOFORTE. Partitura que contiene lo siguiente:

DREI GEDICHTE. von Emanuel Geibel fur mehrstimmigen Gesang. Op. 29.
ROMANZEN. fur Frauenstimmen. (Hefl I.) Op. 69.
ROMANZEN. fur Frauenstimmen. (Hefl II.) Op. 91.
SPANISCHES LIEDERSPIEL. fur eine und mehrere Singstimmen. Op. 74.
MINNESPIEL aus Fr. Ruckert's Liebesfruhling fur eine und mehrere Singstimmen. Op. 101.
DREI LIEDER fur drei Frauenstimmen. Op 114.
SPANISCHE LIEBESLIEDER. fur eine und mehrere Singstimmen mit Pianofortebegleitung zu vier Handen. Op. 138.
DER DEUTSCHE RHEIN. Patriotisches Lied fur eine Singstimmen und Chor.

SERIE XI. FUR MANNERCHOR. (Partitura, contiene lo siguiente:

SECHS LIEDER fur mehrstimmigen Mannergesang.
DREI LIEDER fur Mannerchor.
RITORNELLE in canonischen Weisen fur mehrstimmigen Mannergesang.

SERIE XII. FUR SOPRAN, ALT, TENOR UND BAFS. Partitura contiene los siguiente:

FUNF LIEDER fur gemischten Chor. Op. 55.
VIER GESANGE fur gemischten Chor. Op. 59.
ROMANZEN UND BALLADEN fur gemischten Chor. (Heft I.) Op. 67.
ROMANZEN UND BALLADEN fur gemischten Chor. (Heft II.) Op. 75.

VIER DOPPELCHORIGE GESANGE. fur grofsere Gesangvereine. Op. 141.
ROMANZEN UND BALLADEN fur gemischten Chor. (Heft III.) Op. 145.
ROMANZEN UND BALLADEN fur gemischten Chor. (Heft IV.) Op. 146.

SERIE XIII. FUR EINE SINGSTIMME MIT BEGLEITUNG DES PIANOFORTE. Elprimer Tomo contiene lo siguiente:

LIEDERKEREIS VON H. HEINE. Op. 24.
MIRTHEN. Liederkreis. Op. 25.
LIEDER UND GESANGE. (Helft I.) Op. 27.

OBRAS DE ROBERTO SCHUMANN.de la Colección de LEIPZIG BREITKOPF & HARTEL.

SERIE XIII. FUR EINE SINGSTIMME MIT BEGLEITUNG DES PIANOFORTE.
El segundo Tomo contiene lo siguiente:

ZWOLF GEDICHTE aus Fr. Ruckert's Liebesfruhling. Op. 37.
LIEDERKREIS. Zwolf Gesange von J. von Eichendorff. Op. 39.
FUNF LIEDER fur eine tiefe Stimme Op. 40.
FRAUENLIEBE und LEBEN. Liedercyklus von Ad. von Chamisso. Op. 42.
ROMANZEN und Balladen. (Heft I.) Op. 45.
DICHTERLIEBE. Liedercyklus von H. Heine. Op. 48.
ROMANZEN UND BALLADEN. (Heft II.) Op. 49.
LIEDER UND GESANGE. (Heft II.) Op. 51.
ROMANZEN UND BALLADEN. (Heft III.) Op. 53.

SERIE XIII. FUR EINE SINGSTIMME MIT BEGLEITUNG DES PIANOFORTE.
El Tercer Tomo contiene lo siguiente:

Belsatzar. Ballade von H. Heine fur eine tiefe Stimme. Op. 57.
ROMANZEN UND BALLADEN. (Heft IV.) Op. 64.
LIEDER UND GESANGE. (Heft III.) Op. 77.
LIEDER-ALBUM fur die Jugend. Op. 79.
DREI GESANGE. Op. 83.
DER HANDSCHUH. Ballade von Fr. von Schiller. Op. 87.
SECHS GESANGE von W. von der Neun. Op. 89.
SECHS GEDICHTE von N. Lenau und Requiem (altkatholisches Gedicht). Op.90.
DREI GESANGE aus Lord Biron's Hebraischen Gesangen mit Begleitung der Harfe oder des Pianoforte. Op. 95.
LIEDER UND GESANGE. (Heft IV.) Op. 96.

SERIE XIII. FUR EINE SINGSTIMME MIT BEGLEITUNG DES PIANO FORTE.
El cuarto Tomo contiene lo siguiente:

LIEDER UND GESANGE aus Goethés Wilhelm Meister. Op. 98a.

SIEBEN LIEDER von E. Kulmann. Op. 104.

SECHS GESANGE. OP. 107.

VIER HUSAREN-LIEDER von N. Lenau fur eine Baritonstimme. Op. 117.

DREI GEDICHTE aus den Waldliedern von S. Pfarrius. Op. 119.

FUNFHEITERE GESANGE. Op. 125.

FUNF LIEDER UND GESANGE. Op. 127.

GEDICHTE DER KONIGIN MARIA STUART. Op. 135.

VIER GESANGE. Op. 142.

SCHON HEDWIG. Ballade von Fr. Hebbel fur Deklamation mit Begleitung des Pianoforte. Op. 106.

ZWEI BALLADEN fur Deklamation mit Begleitung des Pianoforte. Op. 122. SOLDATENLIED.

OBRAS DE ROBERTO SCHUMANN. de la Colección de LEIPZIG BREITKOPF & HARTEL.

SERIE XIV. SUPPLEMENT.

La partitura contiene lo siguiente:

ANDANTE UND VARIATIONEN fur 2 Pianoforte, 2 Violoncelle und Horn.

AN ANNA. Gedicht von J. Kerner fur eine Singstimmen und Pianoforte.

IM HERBSTE. Gedicht von J. Kerner fur eine Singstimmen und Pianoforte.

HIRTENKNABE. Gedricht von Ekert fur eine Singtimmen und Pianoforte.

SOMMERRUH. Gedricht von Chr. Schad fur zwei Singstimmen und Pianoforte.

SYMPHONISCHE ETUDEN fur Pianoforte (Anhangzu Op. 13)

SCHERZO fur Pianoforte (Anhang zu Op. 14.)

PRESTO fur Pianoforte (Anhang zu Op. 22)

THEMA (Es dur) fur Pianoforte.

SERIE 1. SYMPHONIEN FUR ORCHESTER. Obras de FRANZ SCHUBERT. Partitura contiene lo siguiente:

SYMPHONIE in D dur. Nº 1.

SYMPHONIE in B dur. Nº 2.

SYMPHONIE in D dur. Nº 3.

TRAGISCHE SYMPHONIE Nº 4.

OBRAS DE FRANZ SCHUBERT. de la Colección de LEIPZIG, BREITKOPF & HARTEL

• SERIE 1. Segundo Tomo, Partitura que contiene lo siguiente:

Nº 5. SYMPHONIE in B dur.

Nº 6. SYMPHONIE in C dur.

Nº 7. SYMPHONIE in C dur.

Nº 8. SYMPHONIE in H moll.

SERIE 2. OUVERTUREN UND ANDERE ORCHESTERWERKE.
Partitura que contiene lo siguiente:

Nº1. OUVERTURE zum Lustspiel mit Gesang: Der Teufel als Hydraulicus.
Nº2. OUVERTURE in D dur
No3. OUVERTURE in B dur
No4. OUVERTURE in D dur
No5. OUVERTURE in D dur (im italienischen Stile)
No6. OUVERTURE IN C dur (im italienischen Stile)
No7. OUVERTURE in E moll
No8. FUNF MENUETTE mit sechs Trios.
No9. FUNF DEUTSCHE mit Coda und sieben Trios.
No10. Menuett.

SERIE 3. OCTETTE. Partitura contiene lo siguiente:

Nº 1. OCTETT fur 2 Violinen, Viola, Violoncell, Contrabafs, Clarinette, Horn und Fagott. Op. 166.
Nº 2. MENUETT UND FINALE EINES OCTETTS fur 2 Oboen, 2 Clarinetten, 2 Horner und 2 Fagotte.
Nº 3. EINE KLEINE TRAUERMUSIK fur 2 Clarinetten, 2 Fagotte, Cotrafagott 2 Horner und 2 Posaunen.

OBRAS DE FRANZ SCHUBERT de la Colección de LEIPZIG BREITKOPF & HARTEL.

SERIE 4. Partitura contiene lo siguiente:

QUINTETT fur 2 Violinen, Viola und 2 Violoncelle Op. 163.

SERIE 5. QUARTETTE FUR STREICHINSTRUMENTE.
Partitura que contiene lo siguiente:

Nº 1. QUARTETT (1812)
Nº 2. QUARTETT in C dur (1812)
Nº 3. QUARTETT in B dur (1812)
Nº 4. QUARTETT in C dur (1813)
Nº 5. QUARTETT in B dur (1813)
Nº 6. QUARTETT in D dur (1813)
Nº 7. QUARTETT in D dur (1814)
Nº 8. QUARTETT in B dur Op. 168. (1814)
Nº 9. QUARTETT in G, moll (1815)
Nº 10. Quartett in Es dur. Op 125 Nº 1.(um 1817)
Nº 11. QUARTETT in E dur. Op. 125 Nº 2.(um 1817)
Nº 12. QUARTETT-Satz in C moll, (1820)
Nº 13. QUARTETT in A moll. Op. 29 (1824)
Nº 14. QUARTETT in D moll. (1826)
Nº 15. QUARTETT in G dur. Op. 161 (1826)

SERIE 6. Partitura del Trio para Violin, Viola y Violoncello.

SERIE 7. PIANOFORTE-QUINTETT.-QUARTETT UND-TRIOS.
La Partitura contiene lo siguiente:

Nº 1. QUINTETT fur Pianoforte, Violine, Viola, Violoncell und Contrabafs Op. 114.
Nº 2. ADAGIO UND RONDO CONCERTANT fur Pianoforte, Violine, Viola und Violoncell.

SERIE 9. FUR PIANOFORTE ZU VIER HANDEN.
El Primer Tomo contiene lo siguiente:

Nº 1. DREI MARSCHE (Marches héroiques). Op. 27.
Nº 2. SECHS MARSCHE. Op. 40.
Nº 3. DREI MILITARMARSCHE. Op. 51.
Nº 4. TRAUERMARSCH bei Gelegenheit des Todes Kaiser Alexanders I. von Rufsland. Op. 55.
Nº 5. HEROISCHER MARSCH bei Gelegenheit der Salbung des Kaisers Nicolaus I. von Rufsland Op 66.
Nº 6. Zwei charakteristische Marsche. Op. 121.
Nº 7. KINDERMARSCH in G dur.

SERIE 9. FUR PIANOFORTE ZU VIER HANDEN.
El Segundo Tomo contiene lo siguiente:

Nº 8. OUVERTURE in F. dur Op. 34.
Nº 9. OUVERTURE in C. dur.
Nº 10. OUVERTURE in D dur.
Nº 11. SONATE in B dur. Op. 30.
Nº 12. Sonate in C dur. Op. 140.
Nº 13 RONDO in A dur Op. 107.
Nº 14 RONDO in D dur Op. 138.
Nº 15 VARIATIONEN in E moll uber ein franzosisches Lied. Op. 10.

BIBLIOTECA DEL CONSERVATORIO NACIONAL DE MUSICA.

BOLETIN Mayo de 1939.

I PRIMI FASTI DELLA MUSICA ITALIANA A PARIGI. Por A. Ademollo. Ed. Ricordi.-Contiene 113 páginas.-Escrita en italiano.- Trata de los primeros cantantes italianos, del Melodrama, 1a Opera, el teatro dramático y Richelieu, el Teatro lírico y Mazzarino, la Historia de la crítica francesa, El Balet.

LE BEAU ET SA LOI.-Por Azbel. Paris, Hugues Robert et Cie. Edit. Contiene 329 páginas en francés. Materias principales que trata el autor: Descubrimiento consecutivo de la Ley en la acción vulgar y en la acción sublime.- Determinación y tendencias maestras de la ley.- La Ley.-Corolario de la Ley. La idea de ser y la idea de ser bien, calidad de estas dos ideas y dterminación consecutiva de estéticas respectivas. La substancia de las ideas.- La estética preliminar del hombre.- El fenómeno sonoro y el lenguaje.- Generación de los Armónicos en el sonido.- El lenguaje musical y la palabra.- La Opera y la Canción.- El lenguaje de Beethoven.- El lenguaje de J.J. Roseau.- La mujer y la crítica en la acción poética.- Berlioz y Wagner.- El lenguaje de Wagner.-Relación entre las Bellas Artes. -

FELICIEN DAVID, SU VIDA Y SUS OBRAS.-por Alexis Azevedo. Paris Heugel el Cie.-Editeur.- Con 99 páginas en francés.- Un retrado de Felicien David.- La obra contiene la biografía y el análisis de sus obras entre las que destacan "Desert", Chistophe Colomb, Moise au Sinaí, L'Eden, La Perla del Brasil, etc.

G. ROSINI, SU VIDA Y SUS OBRAS.- por A. Azevedo. Paris, Heugel et Cie. Contiene 310 páginas, dos autógrafos y un manuscrito de "O. Salutaris" para cuatro voces; el autor de esta obra, hace un estudio con un gran acopio de datos biográficos y un amplio sentido estético en el análisis de la producción artística de Rossini.

LE SON & LA LUMIERE.- Edición gráfica a colores por Azbel. Hugues Robert & Cie. Editeurs.-Trata de las relaciones armónicas del sonido y de la luz.- El orígen de los dos modos (mayor y menor). Armonía, colores y sonoridades y relaciones calóricas.

TROUVERES ET TROUBADOURS, por Pierre Aubry. Paris, Felix Alcan. Edituer 1909. Con 223 páginas en francés, trata de la canción dramática, canción de danza, las pastorelas, las canciones religiosas.- Los trovadores y los troveros, los juglares. La tonalidad antigua y la tonalidad moderna. La rítmica en el siglo XIII. La notación de los trovadores y los troveros.

BEETHOVEN, SU VIDA Y SUS OBRAS, por H. Barbedette.-Paris, Heugel et Cie. Editeurs 1870, con 116 páginas en francés. Temas principales: Universalidad de Beethoven y su paralelo con Goethe. De la Sonata. Sonata de Emmanuel Bach, esta forma adaptada por Hayd al cuarteto y a la sinfonía. Mozart creador del concierto. Excelencia de la Sonata. Caracteres generales de la obra de Beethoven, sus tres épocas son la expresión lógica de un pensador humano.- El autor de este libro hace un estudio general de las obras de Beethoven, entre las que figuran: la Sonata, Aires variados, Rondos, Bagatelas, Polonesas, Fantasías, Música de Cámara y obras para Orquesta.

STEPHEN HELLER.- Su vida y sus obras. Por H. Barbedette. Paris. J. Maho. Editeur, 1876, con 61 páginas en francés. La obra contiene un esquema biográfico de Heller y la comparación de su obra con la de Chopin, explicando en que consiste la originalidad artística. Trabajos de Heller sobre Schubert, Mendelsshon, Weber y Beethoven.- Obras exclusivamente personales. Sonatas. Scherzos. Caprichos. Fantasías. Música de danza: Valses, Tarantelas, Polonesas e Impromptus. Nocturnos, Baladas y Romanzas sin palabras.-También contiene el catálogo de las obras de Heller. -

WEBER.-Ensayo de crítica musical por H. Barbedette.-Paris. Heugel et Cie. Editeurs. 1862, con 80 páginas en francés. La obras contiene datos biográficos de la juventud de Weber, su educación, desarrollo fantástico de su imaginación, su gusto por las artes, su inclinación decidida por la música. Sus maestros de piano. Sus primeras óperas sobre todo las admirables creaciones de Freyschutz, Euryanthe y Oberon. Su muerte en Londres y la translación de sus restos a Alemania. El autor de este libro al hacer el análisis histórico de el Freyschutz dice de este drama lírico, que es la expresión de un romanticismo popular. Del análisis históricio que hace de sus obras, encuentra un-a profunda naturalidad.

LAS GRANDES FORMAS DE LA MUSICA. La OBRA DE CAMILLE SAINT SAENS por Emile Baumann.- Sociedad de Ediciones literarias y Artísticas. Paris 1905. con 475 páginas en francés. Trata de las siguientes materias. La obra interior. El arte. Las formas. Música de Cámara. Conciertos. Sinfonías. Poemas Sinfónicos. Melodías Vocales. Música Sacra. La obraEscénica. -

MUSIQUE ET INCONSCIENCE. Introducción a la Psicología del inconciente. Por Albert Bazaillas.-Paris. Félix Alcán. Editeur 1908. Con 320 páginas en francés. Principales materias de que trata la obra. El mito musical y la vida del espíritu. La significación filosófica de la música después deSchopenhauer. El realismo musical. Significación objetiva de la música. Significación subjetiva de la música. El simbolismo musical.-Restitución del sentimiento musical visto como una experiencia de la consciencia. Los problemas del inconsciente, formas, dinamismo y Psicología.

STUDIO SULLE OPERE DI GIUSEPPE VERDI, por A. Basevi. Firenze. Tipografía Tofani 1859. Con 310 páginas en italiano. El autor de este libro tratade la importancia de la crítica musical en italia y de las principales obras de Verdi, entre las que destacan: Nabucodonosor que fué estrenado en el Teatro de la Escala de Milán en Marzo de 1842. I Lombardi alla prima Crociata. Ernani. I due Foscari.- Giovana d'Arco. Alzira. Attila. Macbeth. I Masnadieri.-Jerusalem. Il corsaro. La Bataglia di Legnano.- Stiffelio.- Rigoletto. Il Trovatore. La Traviata.- Giovanna de Guzman.- Simone Boccanegra y Aroldo.

LA MUSIQUE ET LE DRAME.-Estudio de Estética por Charles Beauquier. Paris, Librairie Sandoz et Fischbacher 1877.-Con 314 páginas en francés. Materias principales de que trata la obra: De la naturaleza del Arte Dramático y del Arte musical. La música descriptiva. El color local y punto de vista musical. La música filosófica. La naturaleza de los sentimientos experimentados por la música. En que consiste la idea musical. Como la música modifica la estructura misma del drama. Como la música modifica la forma literaria.-Elementos de que se compone el drama musical. Los diferentes géneros de drama musical. El pasado, el presente y el provenir de la música dramática.

BIBLIOTECA DEL CONSERVATORIO NACIONAL DE MUSICA.

BOLETIN. Junio 1939.

HAYDN, MOZART Y BEETHOVEN.- Su personalidad y desarrollo de sus actividades en las distintas esferas del arte músico; estudio crítico por Ricardo Benavent.- Valencia 1907. con 331 páginas. El autor de esta obra hace un recorrido de la gran linea que representa la actividad artístico musical de Haydn, Mozart y Beethoven y llega a las siguientes conclusiones: Haydn fué un creador, al fijar la forma racional de la Sinfonía y el Cuarteto. Mozart, inspirado en las creaciones de Haydn pertencientes a la esfera instrumental, ensancha la forma dotándolas de más riqueza melódica, armónica y contrapuntística. Beethoven sigue a Haydn y a Mozart ensanchando el dominio melódico, abrió otros orizontes a la forma, amplió los desarrollos, aumentó la polifonía robusteciendo la masa de instrumentos. La obra contiene una amplia documentación y un estudio detallado de las obras de estos tres grandes maestros.

A TRAVERS CHANTS.- Por Hector Berlioz.- Paris, Calmann-Lévy, Edit. con 348 páginas.- La obra empiesa con un estudio general de la música analisando sus elemntos: La Armonía, la melodía, el ritmo, la expresión las modulaciones, la instrumentación, etc., Estudio c crítico de las Sinfonías de Beethoven. Fidelio y su representación en el Teatro Lírico, Estado actual del Arte del Canto.- Nuevos cantantes, los buenos cantantes.- El Orphée de Gluck, Alceste.- Obéron de Weber.- La música y la Iglesia.- Conciertos de Ricardo Wagner.etc.

ESTUDIO CRITICO DE LAS SINFONIAS DE BEETHOVEN:-Por Hector Berlioz traducción del Francés por Gustavo E. Campa. México, Tip. y Lit. de A. Wagner y Levien sucs. 1910. Con 63 páginas.- Sinfonía en Do menor.-Sinfonía en Re.- Sinfonía Heroica.-Sinfonía en Si bemol. La quinta Sinfonía en Do Menor.- Sexta Sinfonía Pastoral.- Séptima Sinfonía en La.- Octava Sinfonía en Fa. Novena Sinfonía con Coros.

OBRAS DE JUAN SEBASTIAN BACH./ Obtenidas de la Sociedad Bach de Leipzing. Breitkopf y Hartel, Edit-Leipzing, 1851. Obras revisadas por Haupmann, Jahn, Breitkopf y Hartel y Becker, Moscheles.- Esta- obra-consta de 62 Tomos en folio lujosamente empastado y su contenido es el siguiente:

Cantatas de Iglesia de la la la 191 en 16 volúmenes.
Oratorios en tres volumenes.
Pasión según San Mateo.
Pasión según San Juan.
Pasión según San Lucas.
Misa en Si menor.
Misa en Fa Mayor.
Misa en La Mayor.
Misa en Sol Mayor.
Misa en Sol Menor.
Santus en Do Mayor.
Segundo Santus en Re Mayor.
Santus en Re menor.
Santus en Sol Mayor.
Magnificat en Re Mayor.
Motetes, Corales y Lieders.

Aria para Soprano, Alto, Tenor y Bajo.
Obras para Canto:
Arias, Duetos y Tercetos.
Preludios y Fugas.
Obras para piano
Música de Cámara
Conciertos de Brandenburgo
Invenciones, Tocatas, Partitas.
Suits, Conciertos para piano.
Conciertos para piano y Orquesta.
Sonatas, Sinfonías.
Obras para Organo.
Obras para instrumentos de Aliento.

Colección completa de las obras de Beethiven, en la misma edición de las de Bach.

Música de Cámara, Trios, Cuartetos Quintetos.
Sinfonías de la 1a la la 9 (partituras).
Obras para varios instrumentos de aliento.
Conciertos para Piano.
Conciertos para Piano y Orquesta.
Conciertos para Violin y Orquesta.
Obras para Piano y Viloncello.
Obras para Piano a dos Manos.
Sonatas para Piano.
Variaciones para Piano.
Cantatas, obras para Canto y Orquesta
Lieder para canto y Piano (24).
Oberturas para Orquesta. (Egmonte) "Fidelio". Leonora y Coriolan.
Misa solemne.
Octetos, Septetos, Sextetos y Quintetos.

Leipzig, Breitkopf & Hartel.- En esta edición existen las siguientes obras de HECTOR BERLIOZ:

HAROLD IN ITALIEN.- Sinfonía en cuatro partes con una Viola solista. ROMEO Y JULIETA.- Sinfonía Dramática, con palabras de Emile Deschamps.- LE BALLET DES OMBRES.- Rondó Nocturno, Poesía de Albert Duboys.- Traducción al Inglés por Percy Pimkerton; para Soprano, Tenor Primero, Tenor segundo, Bajo y Piano.
CANTO GUERRERO.-Poesía de Th. Gounet.- Con letra en aleman, Inglés y Francés.
CHANSON A BOIRE. para Tenor, Bajo y Piano.-Poesía de Th. Gounet. Con letra en Alemán, Inglés y Francés.
CHANT SACRE./ Para Soprano, Alto, Tenor Primero, Tenor Segundo. Bajo primero y Bajo segundo, Piano. Con letra en Francés y en Latín.
LA MORT D'OPHELIE.- Para Soprano alto y Piano; Balada adaptada por Schakespeare. Con letra en Alemán, Francés e Ingles.

L'APOTHEOSE.- Canto Heróico. para Tenor Solo, Tenor primero y segundo Bajo primero y segundo y Piano.
LE CHAN DES BRETONS.- Para Tenor Primero y segundo, Bajo primero y segundo, y Piano.
La Menace des Francs. Pieza para coro con letra en Francés, Ingles y Aleman.

OBRAS DE HECTOR BERLIOS.

RESURREXIT.- Partitura para Orquesta y Coros, sonteniendo lo siguiente:
TE DEUM. op. 22. Partitura para Orquesta, Coros y Organo.- Contiene además Praeludium, Dignare, Christe, rex Gloriae, Te ergo quaesumus, Judex crederis, Marcia.

L'Enfance du Christ.- Partitura para Orquesta y coros.- Contiene lo siguiente: Le Soge des Herodes, La Fuite en Egypt Obertura para pequeña Orquesta (Flautas, Oboe, Corno Inglés y quinteto de Cuerda) L'Adieu des Bergers a la Sainte Famille, para 2 Oboes, 2 Clarinetes, Coros con letra en Francés y Aleman y Quinteto de Cuerda. L'Arrivée a Sais, para Flauta, Oboe, Corno Ingles, Clarinete, Parte para tenor con letra en Francés, Inglés y Aleman, y quinteto de cuerda. Trio para dos Flautas y Arpa.

Scéne Héroique (La revolution Grecque) Poema de Humbert Ferrand. Partitura para Orquesta y voces. Contiene lo siguiente: Priére, Concert de Syphes, Ecot de Joyeux Compagnons, Chanson de Méphistophelés, Le Roi de Thulé, Romance de Marguerite, Choeur de Saldats, y Sérénade de Mepistopheles.

LA DAMNATION DE FAUST.- Leuenda dramática en cuatro partes, partitura para Orquesta y voces; contiene lo siguiente:
Introduction, Ronde des Paysans, Marche Hongroise.- 2a. parte Faust seul dans son Cabinet de travail, Faust, Mephistopheles, Coeur de Buveurs. Chanson de Brander, Fugue sur le theme de la Chanson de Brander, Chanson de Mephistopheles, Air de Mephistopheles, Coeur de Gnomes et de Sylphes, Ballet des Sylphes, Coeur de Soldats Chanson d'Etudiants. 3a. parte. Tambours et Trompetes sonnant la retraite, Air de Faust, Faust, Mephistopheles, Marguerite, Le Roi de Thulé, Evocation, Menuet des Follets Sérénade de Mephistopheles avec Choeur de Follets. 4a. parte. Romance de Marguerite, Invocation a la nature, Recitatif et Chasse, La Course a la Abime, Pandoemonium, Dans le Ciel.

LELIO OU LE RETOUR A LA VIE.- Partitura para Orquesta y voces contiene lo siguiente:
Le Pecheur Ballade de Goethe, Choeur d'ombres, Chanson de Brigands, Chant de Bonheur, La Harpe Eolienne.- Souvenir, Fantasie sur la Tempete de Shakespeare.- Le Cinq Mai Chant sur la mort de l'Empereur Napoleon.- L'Impériale, Cantate a dux Choeurs.

MEDITATION RELIGIEUSE.- Partitura para Orquesta y voces. Contiene lo siguiente:
Chant Guerrier Op. 2 No. 3.- Chanson a boire Op. 2 No. 5.- Chantsacré Op. 2 No. 6.- La mort d'Ophelie, Op. 18 No. 2.- L'Apothéose (C (Chant heroique).- Le Chant des Bretons.- La Menace des Francs (Marche et Choeur) Priére du matin (Choeur d'Enfants.- Hymne pour la consécration du nou veau Tabernacle.- Le Temple universal.

OBRAS DE BERLIOZ.

Partitura de varias piezas para Canto y Piano. Contiene lo siguiente: con letra en francés, inglés y alemán.
Le Dépit de la Bergére, Toi qui l'aimas, verse des pleurs.- Le Maure Jaloux.- La Belle Voyageuse.- Le Coucher du Soleil.- L'Origine de la Harpe.- Adieu, Bessy.- Elégie.- Le Pécheur.- Chan de Bonheur. Premiers Transports.- La

Captive.- Le jeune Pátre Breton.- Les Champs.- Je Crois en Vous.- Les Nuits d'eté.- Villanelle.- Les Spectre de la Rose.- Sur les Lagunes.- Absence.- Au Cimetiére.- L'Ile Insonnue.- La Belle Isabeau.- Zaide.- Le Chansseur Danois. Page d'Album. La Mort d'Ophélie.- Le Chant des Bretons.- Le Matin.- Petit Oiseau.

Partitura de Piezas para varios instrumentos y Canto; con letra en Francés, Inglés y Aleman.- Contiene lo siguiente:
Hymne des Marseillais.- Pater Noster.- Adoremus.- Plaisir d'Amour. Le Roi des Aulnes.

BEATRICE ET BENEDICTO.- Partitura para Orquesta y voces; con letra en Francés, Inglés y Alemán. Contiene lo siguiente:

ACTO PRIMERO 1. Choeur: Le More est en fuite.- 2. Choeur: Le More est en fuite.- 2bis. Danse Nationale: Sicilienne.- 3 Air (Hero): Je vais la voir.- 4. Duo (Beatrice et Bénédic): Comment le dédain pourrait-il mourir?.- 5. Trio (Bénédict, Claudio, Don Pedro): Me Marier?.- Epithalame grotesque. 1er. Couplet: Moures, tendres époux.- 6 Epithalame grotesque. 2o Couplet: Moures tendres Epux.- 7 Rondo (Bénédict): Ah! Je vais l'aimer. – 8. Duo (Heero et Ursule):: Vous soupirez, madame? Entr'acte. Sicilienne.-

SEGUNDO ACTO. No. 9 Improvisation et Choeur a boire: Le vin de Siracuse Accuse.- 10. Air (Béatrice): Dieu! Que viens-je d'entendre.- Trio (Héro, Béatrice, Ursule): Je vais d'un coeur aimant.- 12 Choeur lointain: Viens, de l'hyménée Victime fortunée.- 13. Marche nuptiale (Beatrice, Héro, Ursule, Benédict, Claudio, Don Pedro etc. Coeur): Dieu qui gridas nos bras.- 14 Enseigne (Héro, Ursule, Claudio, Dón Pedro et Choeur) Ici l'on Voit Bénédict.- 15. Scherzo Duettino (Beatrice, Bénedict, Héro, Ursule, Claudio, Don Pédro et Choeur): L'amour est un Flambeau.

OUVERTURE DE "WAVERLEY".- Partitura de Orquesta conteniendo las siguientes overturas: Ouverture des "FRANCS JUGES".- Ouverture "LE ROI LEAR".- Ouverture "ROB-ROY".

OUVERTURE DE "BENVENUTO CELLINI".- Partitura para Orquesta conteniendo las siguientes Overturas:
"LE CARNAVAL ROMAIN".-"LA FUITE EN EGYPTE".-"BEATRICE ET BENEDICT" "LES TROYENS A CARTHAGE".

PARTITURA INSTRUMENTAL conteniendo lo siguiente:
Fugue a Deux Choeurs et Fugue a Trois sujets.- Réverie et Caprice, Romanza para Violín.- Sérénade Agreste a la Madone, Sur le théme des Pifferari romains.- Hymne pour l'Elévation.- Tocata.- Marche Funébre, pour la derniére Scéne d', "Hamlet".-Marche Troyenne.

PARTITURA DE ORQUESTA DE LA SINFONIA FANTASTICA.- En cinco partes: Réveries, 2a. parte Un bal, 3a. parte Scéne aux Champs, 4a. parte Marche au supplice, 5a. parte Songe d'une nuit du sabbat.

BOLETIN DEL MES DE JULIO Y AGOSTO DE 1,939.

OBRAS DE LITERATURA.-

ACUARELAS MUSICALES

El Libro "Acuarelas Musicales" es una serie de conferencias redactadas por el Dr. Adalberto García de Mendoza, Director del Conservatorio Nacional de Música de México, organizadas en conjunción con la Universidad Nacional de México y el Conservatorio Nacional de Música de México en el Palacio de Bellas Artes y transmitidos por las Estaciones de Radio XEFO y XELA.

Dichas conferencias describen algunas de las más bellas obras clásicas musicales en colaboración con la Orquesta de la Universidad y la Orquesta del Conservatorio Nacional de México.

INCLUYE: EL ANILLO DEL NIBELUNGO
DE RICARDO WAGNER

DR. ADALBERTO GARCÍA DE MENDOZA
DIRECTOR DEL CONSERVATORIO
NACIONAL DE MÚSICA DE MÉXICO

México D. F.

BEETHOVEN

MISSA   SOLEMNIS

Y

OTROS COMPOSITORES

DR. ADALBETO GARCÍA DE MENDOZA
DIRECTOR DEL CONSERVATORIO NACIONAL DE
MÚSICA DE MÉXICO
1940

EKANIZHTA
¡DEVOCIÓN A UN IDEAL!

D R A M A
EN
DIEZ CUADROS Y UN EPÍLOGO

Dr. Adalberto García De Mendoza
1936

Epistemología

Teoria del conocimiento

Dr. Adalberto García de Mendoza
Catedrático de la Facultad de Filosofía y Letras
Universidad Nacional Autónoma de México
MEXICO

TEORIA DEL CONOCIMIENTO

Revisión inspirada en la "Teoría del Conocimiento"
de J. Hessen, hecha por
Dr. Adalberto García de Mendoza.

A bordo del "Ginyo Maru"
1932

1

ESTAMPAS MUSICALES

Obra de texto en la escuela nacional preparatoria de México. Segundo curso superior

DR. ADALBERTO GARCÍA DE MENDOZA

ESTÉTICA
LIBRO I

La Dialéctica en el campo de la Estética
Trilogías y Antitéticos

Dr. Adalberto García de Mendoza

Universidad Nacional Autónoma de México

Director del Conservatorio Nacional de Música

POR EL MUNDO DE LA CULTURA
UNA NUEVA CONCEPCION DE LA VIDA

EL EXISTENCIALISMO

EN

KIERKEGAARD, DILTHEY, HEIDEGGER Y SARTRE

Serie de platicas transmitidas por la
Estación Radio México sobre el Existencialismo

DR. ADALBERTO GARCÍA DE MENDOZA

LA FILOSOFÍA ORIENTAL
Y EL PUESTO DE LA CULTURA
DE JAPÓN EN EL MUNDO

*PRIMER PREMIO INTERNACIONAL DE FILOSOFÍA ORIENTAL
CONVOCADO POR LAS UNIVERSIDADES JAPONESAS.*

DR. ADALBERTO GARCIA DE MENDOZA
INVIERNO DE 1930

ENFOQUES MUSICALES

Obra de texto en la escuela nacional preparatoria de México. Primer curso superior

DR. ADALBERTO GARCÍA DE MENDOZA

Clase de Estética del maestro García de Mendoza.

Dr. Adalberto García de Mendoza dando su clase
de Estética en el Conservatorio

FENOMENOLOGÍA

Filosofía moderna

Husserl – Scheler – Heidegger

DOCTOR ADALBERTO GARCÍA DE MENDOZA

LA FILOSOFÍA Y
LA TEORÍA DE LA RELATIVIDAD
DE EINSTEIN

DR. ADALBERTO GARCÍA DE MENDOZA

México 1936

FILOSOFÍA JUDAICA DE MAIMONIDES

POR

Dr. Adalberto García De Mendoza

MÉXICO
1938

COMENTARIOS A LA OBRA DE

JOSEF HAYDN

PARA CUARTETO DE CUERDAS

LAS 7 ULTIMAS PALABRAS DE JESUS

SEGUNDA EDICIÓN

DR. ADALBERTO GARCÍA DE MENDOZA

Catedrático de la Facultad de Filosofia y Letras
de la Universidad Nacional Autónoma de México

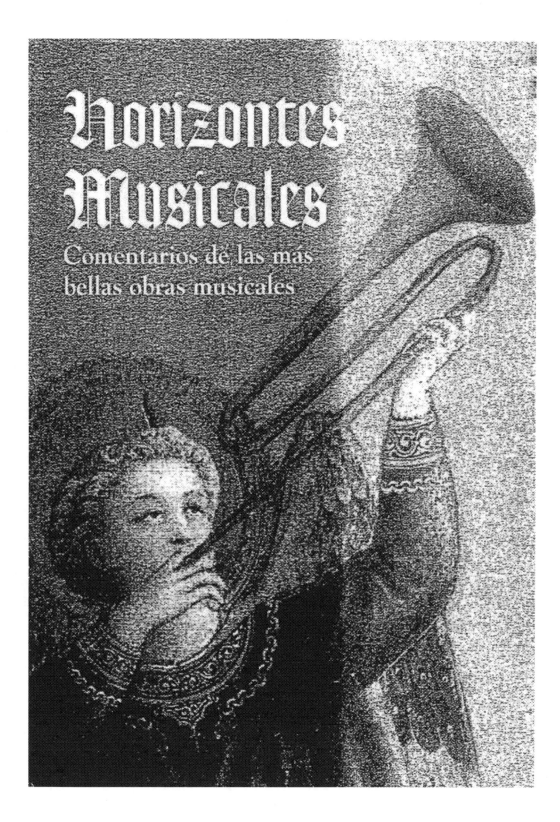

LÓGICA

*Obra de Texto en la Facultad de Filosofía y Letras
y la Escuela Nacional Preparatoria Universidad
Nacional Autónoma de México
1932*

DR. ADALBERTO GARCÍA DE MENDOZA.

MANUAL DE LOGICA

(PRIMER CUADERNO)

CATEDRA DEL INGENIERO

ADALBERTO GARCIA DE MENDOZA

PROFESOR DE EPISTEMOLOGIA Y METAFISICA EN LA
FACULTAD DE FILOSOFIA Y LETRAS Y DE LOGISTICA Y
ETICA EN LA ESCUELA NACIONAL PREPARATORIA

ESCUELA NACIONAL PREPARATORIA

AÑO DE 1930

Dr. Adalberto García de Mendoza

1930

NUEVOS PRINCIPIOS DE LÓGICA Y EPISTEMOLOGÍA

NUEVOS ASPECTOS DE LA FILOSOFÍA

EL DOCTOR E INGENIERO

DR. ADALBERTO GARCÍA DE MENDOZA

MÉXICO, D. F.
1931 - 1934

EL ORATORIO, LA MISA Y EL POEMA MÍSTICO

La Música en el Tiempo

Dr. Adalberto García de Mendoza

Director del Conservatorio Nacional de Música de México

POR EL MUNDO DE LA MÚSICA

Conferencias del

Dr. Adalberto García de Mendoza

ROMANTICISMO EN LA VIDA Y LA OBRA DE CHOPIN

Y

CRITICA Y COMENTARIOS MUSICALES

DOCTOR ADALBERTO GARCÍA DE MENDOZA

SCHUMANN
El album de la juventud

COMENTARIOS Y RECUERDOS

Dr. Adalberto García de Mendoza

1932

MUSEO NACIONAL DEL VIRREINATO
TEPOTZOTLÁN

Disertación filosófica de las capillas, retablos y cuadros del Museo.1936
Philosophic dissertation on the chapels, altars and paintings of the Museum.1936

BILINGUAL

Dr. Adalberto García de Mendoza

ADQUISICIÓN EN 1939 DE NUEVOS

DISCOS PARA LA DISCOTECA

OBRAS MUSICALES EN DISCO QUE LA DIRECCION SOLICITO PARA SERVICIO DE LA DISCOTECA DEL CONSERVATORIO.

(Ya en posesión de la propia Escuela)

Nombre del Autor.	Nombre de la Obra.	Instrumentos.	Marca y No. De dise
Bach J. S.	Concierto Brandenburgués No.1 (Fa mayor)	Orquesta.	Polyd.- 3
Bach J. S.	Concierto Brandenburgués No. 2 (Fa Mayor).	Orquesta.	Polyd.- 2
Bach J. S.	Concierto Brandenburgués No. 3.	Orquesta.	Polyd.- 2
Bach J. S.	Concierto Brandenburgués No. 4 (Sol Mayor)	Orquesta.	Polyd.- 3
Bach J. S.	Concierto Brandenburgués No. 5 (Re Mayor.)	Orquesta.	Polyd.- 4
Bach C. P. E.	Conciertoen A. Mayor	Orquesta.	Colum.- 1
Rüdinger.	Emitte Spiritum	Coro.	Polyd.- 1
Lasso.	Tristis est anima mea	Coro.	Polyd.- 1
Lasso.	Resurrexit pastor bonus	Coro.	Polyd.- 1
Lasso.	Tristis est anima mea	Coro.	Polyd.- 1
Hatzfeld.	Ihr Felsen und Marmelstein	Coro.	Polyd.- 1
Eberlein.	Tenebrae factae sunt	Coro.	Polyd.- 1
Bruckner.	Christus factua est	Coro.	Polyd.- 1
Palestrina.	O, admirabile commercium	Coro.	Polyd.- 1
Dombrowski.	Eja, so seht den Rosenstrauch	Coro.	Polyd.- 1
Lasso.	Christus ist auferstanden	Coro.	Polyd.- 1
Lasso.	Surrexit pastor bonus	Coro.	Polyd.- 1
Beethoven.	Op. 36: Segunda Sinfonía (Re Mayor).	Orquesta.	Polyd.- 4
Beethoven.	Op. 93: Octava Sinfonía (Fa Mayor).	Orquesta.	Polyd.- 4
Beethoven.	Sonata (Patética) (Do Menor.)	Piano.-	Polyd.- 2
Beethoven.	Sonata (La Bemol Mayor).	Piano.-	Polyd.- 3

Cheryl

Beethoven.	Sonata, Do sostenido Menor.	Piano.	Polyd.- 2
Beethoven.	Sonata, Mi Bemol Mayor	Piano.	Polyd.- 3
Beethoven.	Sonata, Do Mayor.	Piano.	Polyd.- 3
Beethoven.	Sonata, Fa Sostenido Mayor.	Piano.	Polyd.- 1
Beethoven.	Sonata, Fa Menor. (Appasionata).	Piano.	Polyd.- 3
Beethoven.	Sonata, Mi Bemol Mayor.	Piano.	Polyd.- 2
Beethoven.	Sonata, Mi Menor.	Piano.	Polyd.- 2
Beethoven.	Sonata, Si Bemol Mayor.	Piano.	Polyd.- 5
Beethoven.	Sonata, Mi Mayor.	Piano.	Polyd.- 2
Beethoven.	Sonata, La Bemol Mayor.	Piano.	Polyd.- 3
Beethoven.	Sonata, Do Menor.	Piano.	Polyd.- 2
Beethoven.	Sonata, Mi Bemol Mayor	Piano.	Polyd.- 1
Beethoven.	Sonata, Mi Bemol Mayor.	Piano.	Polyd.- 1
Beethoven.	Sonata, Mi Bemol Mayor.	Piano.	Polyd.- 1
Beethoven.	Quinteto para piano, Oboe Clarinete, Cuerno y Fagot	Quinteto.	Polyd.- 4
Beethoven.	Sonata a Kreutzer.	Violín y Piano.	Polyd.- 4
Beethoven.	Cuarteto Mi Menor.	Cuarteto.	Polyd.- 6
Beethoven.	Cuarteto Mi Menor.	Cuarteto.	Polyd.- 1
Haydn.	Cuarteto Sol Menor. Op. 74 #3.	Cuarteto.	Polyd.- 1
Mozart.	Cuarteto Mi Bemol Mayor.	Cuarteto.	Polyd.- 4
Handel.	Concerto en B. Minor.	Organo.	Colum.- 3
Händel.	Mesías, Oratorio.	Coro y Orq.	Colum.-18
Bruckner.	Quinteto en Fa Mayor.	Quinteto.	Polyd.- 6
Bruckner.	Tota Pulchra es.	Coro.	Polyd.- 1
Bruckner.	Tota pulchra es.	Coro.	Polyd.- 1
Eberlein.	Marienlied.	Coro.	Polyd.- 1
Debussy.	Pour Les Quarts, Estude No. III.	Piano.	Polyd.- 1
Debussy.	Pour Les Sixtes, Estude No. 4.	Piano.	Polyd.- 1
Debussy.	Pour Les Sonorités Opposees Estude No. X.	Piano.	Polyd.- 1
Faure.	Cuartet núm. 1 in C. Minor.	Cuarteto.	Colum.- 4
Ravel.	Concierto para la mano izquierda para piano y orquesta.	Piano y Orquesta.	Polyd.- 2.
Strawinsky.	Concierto para Violín, Re Mayor.	Violín y Orquésta.	Polyd.- 3
Strawinsky.	Duo Concertante	Violin y Piano.	Colum.- 3
Milhaude.	Del Cuarteto núm. 7		Polyd.- 2
D'Indy.	Sinfonía para orquesta y Piano sobre una canción montañesa. Sol Mayor.	Orquesta y Piano.	Polyd.- 3
Brahms.	Segunda Sinfonía. Mi Menor.	Orquesta.	Polyd.- 5

Brahms.	Cuarta Sinfonía. Mi Menor.	Orquesta.	Polyd.- 6
Brahms.	Trio, Si Mayor.	Trio.	Polyd.- 4
Chopín	Concierto para Piano. Mi Menor.	Piano. y Orquesta.	Polyd.- 4
Chopín	Estudios Op. 10 #3, Op. 10 #4 y Op. 10 # 6.	Piano.	Polyd.- 1
Chopín	Estudios Op. 10 #2, Op. 10 #5, Op. 10 #7 y Op. 10 # 11.	Piano.	Polyd.- 1
Chopín	Estudios Op. 10 #8, Op. 10 #10, op.10 #9 y Op.10 #12.	Piano.	Polyd.- 1
Chopín	Estudios Op.25 #7 y Op. 25 # 10.	Piano.	Polyd.- 1
Chopín	Estudios Op. 25 #2, Op.25 #5, Op.25 #1, Op.25 #8 y Op.25 # 9.	Piano.	Polyd.- 1
Chopín	Estudios Op.25 #11, 3 estudios sin número de op.	Piano.	Polyd.- 1
Chopín	Estudios Op.25 #3, Op.25 #4, Op.25 #6 y Op.25 #12.	Piano.	Polyd.- 1
Liszt.	Rapsodia No. 1	Piano.	Polyd.- 1
Liszt.	Rapsodia Húngara. No. 2.	Piano.	Polyd.- 1
List.	Rapsodia No. 3.	Piano.	Polyd.- 1
Liszt.	Rapsodia No. 4.	Piano.	Polyd.- 1
Liszt.	Rapsodia No. 5.	Piano.	Polyd.- 1
Liszt.	Rapsodia No. 6.	Piano.	Polyd.- 1
Liszt.	Rapsodia No. 8.	Piano.	Polyd.- 1
Liszt.	Rapsodia No. 9.	Piano.	Polyd.- 1
Liszt.	Rapsodia No. 10 y No. 11	Piano.	Polyd.- 1
Liszt.	Rapsodia No. 12.	Piano.	Polyd.- 1
Liszt.	Rapsodia No. 13.	Piano.	Polyd.- 1
Liszt.	Rapsodia No. 14.	Piano.	Polyd.- 1
Liszt.	Rapsodia No. 15.	Piano.	Polyd.- 1
Gluck.	Orpheus.	Orquesta.	Colum.- 8
Coreli.	Suité For String Orchestra.	Orquesta.	Colum.- 1
Buxtehude.	Preludio y Fuga.	Organo.	Colum.- 1
Vittoria y Lotti Thiel.	Popule meus	Coro.	Polyd.- 1
	Crucifixus.	Coro.	
Vittoria.	Domine, non sun dignus	Coro.	Polyd.- 1
Berten.	Kom, Hell'eger Geist, du Schaffender.	Coro.	
Puccini.	Bohemia.	Opera.	Colum.-13
Mascagni.	Cavallería Rusticana.	Opera.	Colum.-10
Verdi.	Falstaff.	Opera.	Colum.-14
Franck.	Psiche y Eros.	Orquesta.	Polyd.- 1

Algunas fotografías de las actividades del Conservatorio

Taller de Reparación de Instrumentos

Clase en actividad

Clase de Danza

La Orquesta y el Coro del Conservatorio en una actuación en el Palacio de Bellas Artes

Clase en acitividad

Interior del edificio. Segundo piso

Interior del edificio. Primer piso

Fachada del Conservatorio
1940

Concurrencia a uno de los Concietos de la Sinfónica del Conservatorio

Clase en actividad

Clase en actividad.

Clase de Danza

Clase de Conjunto de Camara del Maestro José Rocabruna

Clase de Canto

Clase de Canto a cargo de la profesora Luz Meneses

LISTA GENERAL DE ALUMNOS

DEL CONSERVATORIO NACIONAL

DE MÚSICA, CON ESPECIFICACIÓN

DE CARRERAS.

1939

LISTA DE ALUMNOS INSCRITOS EN LA CARRERA DE PIANO.-

año de 1939.-

Aguila Carmen
Castillo Rosalía
Cuevas Ma. de Lourdes
Dominguez Esperanza
Flores Margarita
Gorostiza Carmen
Hernández Delia
Isals Mercedes
Martínez Alfredo
Montoya Virginia
Morán Francisca
Moreno Salvador
Morales Isabel
Ochoa Salvador
Pérez A. Natalia
Pichardo Antonio
Ramírez Leal Olga
Ruiz Artemio
Sánchez Acuña Elena
Santamaría Beatriz
Santamaría Francisco
Schekaiban Angela
Siurob Guadalupe
Tena Guadalupe
Flores Susana
Jasso Berta
Stark Carmen
Rubio Ma. Elena
Fernández V. Berta
Lagunes Irene
Gorostiza Carmen
Vergara Guadalupe
Castillo Fortunato
García L. Josefina
García de Chávez Aurora
Fernández Ernesto
Molina Emilio
Zolliker Mercedes
Altamirano Angelina
Bojarska María

Castro Escobar Carlos E.
Caballero Hada Elena
Morelos Blanca
Mendoza Santiago]
García Zerón Agustín
Zendejas Ma. de la Luz
Durán Estela
Dorbeker Angélica
Delgado Concepción
Gaytán Noemí
Morones Rafael
López S. Soledad
Ortega López Librada
St. Hill Gloria
Viamonte Gabriela
Larrañaga Humberto
Alatorre Judith
Estevez Ma. de la Luz
González Margarita
Pacheco Agustín
Caballero Eduardo
Méndez Consuelo
Espinosa Soledad
Montaño Espejel Aurora
Heiblum Manuel
Guerrero López Gloria
Guerrero López Heberto
Martínez B. Hayde
Quintana S. Carmen
Rodriguez. Gaytán Marta
Rodriguez Marcio Antonio
Sánchez López Mercedes
Nishisawa Carmen
Pacheco Amador
Ortega Amparo
Arenas L. Angélica
Astorga Ana Ma.
Arreguín Ma. Luisa
Cuervo Amanda
Montiel Agustín
Ferreira Rosa Margarita
Montiel Olvera Armando
Bonet Bernanda
Montero Esperanza

Romero Abel

García Olga

St. Hill Helen

Niecke Carmen

Trejo Daniel

Ramos Enrique

Puente Luz María

Gutiérrez Rosalío

Trejo de la Rosa Laura

Larrea Estela

Valle Lucina del

Torres P. Edna

Fadl Charlotte

Waissman Elisa

Castillo T. Irela

Corona Rebeca

Dios Marianela de

Guzmán Ma. Luisa

González B. Leonor

Guerrero Gregorio

Jiménez Delia

Larrainzar Estela

Mojica Rosario

Paulín Mariano

Salazar Hilda

Villegas Soledad

Aguirre Ma. del Rosario

Alvarado Carmen

Alvarado Ma. de la Luz

Arrevillaga Rosa Ma.

Baca Ma. Elena

Balderas Dolores

Amaya Ma. Julia

Blancas María

Colonna María

Díaz Gloria

Echevarría Guadalupe

Fabela Sara Guadalupe

Granguillhome Mercedes

Hernández Herminia

López Ma. de la Luz

Luna Elena

Luna Francisco

Martínez Hebert

Mendoza Concepción
Mendoza Micaela
Mondragón Angela
Nuncio Olivia
Olivares Arturo
Peña Mariano
Pérez García Isabel
Segura Graciela
Ruiz José
Madrigal Cueva Ana
Rodriguez S. Tomás
Barón Elena
Barranco Alicia
Popoca Aurelia
Müller Federico
López Margarita
Monzón Francisco
Rebollo Carmen
Ruiz Rosalía
De la Garza Ana Ma.
Mundo Silvino
Ramos Fernando
Gamboa Gilberto
Villabazo Rodolfo
Evelson Sara
González Roberto
Vizcaíno Josefina
Alanís Miguelina
Bernanrd Ma. de los Angeles
Calderón Staurofila
De la Cruz René
Garrido Luz Ma.
Garnica Manuel
Hevia Antonia
Iturriaga Antonieta
Lara Ma. Soledad
Limón Sara
Martínez Adrián
Martínez Jaime
Márquez Emilia
Medina Imelda
Melena Juan
Muñoz Guadalupe
Pinelli Gloria

Reyes Gil Soledad

Rodriguez Susana

Salinas Amado

Sevilla Leonor

Téllez Girón Josefina

Téllez Girón Esther

Vázquez Gilberto

Vizcaíno Raquel

Vizcaíno Concepción

Gómez Humberto

Aguilar Beatriz

Avila Eugenia

Aguirre Carolina

Barlés Ma. Elena

Cabrera Angela

Cisneros Guadalupe

Cueva Esther

Franco Raquel

Garrido Guadalupe

Galindo Blas

Gordillo Eunice

González Olivia

Hernández Federico

Izquierdo María

Espinosa Sara María

Luna Consuelo

Lucero Ma. de los Angeles

Lucero María

Macías LLamas Dolores

Martínez S. Carmen

Monterde Manuel

Miranda Socorro

Mauriño Rosa

Guarneros Raquel

Ortiz Concepción

Sotomayor Magdalena

Soriano Victorina

Villar Magina

Vadillo Segundo

Balacios Eleazar

Pérez Zimmer Gloria

Muñoz Ma. de la Luz

Cerda Guadalupe

Bobadilla Juan

Bautista Catalina
Apango Ma. Elena
Martínez Ana Elsa
Morán Sara
Nava Samuel
Berumen Aurora
Bravo Guillermina
Escalante Carmen
Starominsky Ida
Lejarazu Juan José
Alcocer María Suárez de
Barocio Eva
Islas Ma. Enriqueta
Rivas Consuelo
Cassicas Katy
Méndez Lucrecia
Fernández Consuelo
Juárez Ma. de la Luz
Bañuelos Antonio
Alonso Ana Ma.
Balbás María
Carreño Ma. de la Luz
Bustos Raquel
Astudillo Rosa Elena
Castillo Ana María
Ceseña Juana
Diáz de León Ana Ma.
Chávez Natividad
Fuentes Elizabeth
Gómez Carlos
Herrera Rosario
Rodriguez Marta
Ramírez Silvestre
Rosas Mercedes
León Zarzosa Berta
Subías Luz
Romero Ana Ma.
Rubio Ma. Luisa
Noriega Guadalupe
Noriega Isaías
López Florentina
Sánchez Mejía María
Vergara Guadalupe
Hernández Josefina

Aguirre Magdalena
Cadena Julia

CLASE DE ORGANO

Aguilar Beatriz
Colonna María
Evelson Sara
Girón Joaquín
Montiel Agustín
Ramírez Silvestre
Manrique Francisco
Rodriguez Marta
Villalbazo Rodolfo
Montero Alberto
Velasco Jesús
Carrasco Lucía

CLASES DE CANTO

Aguirre Fausto
Silva Miguel
Castillo Antonia
Fernández Fernando
Islas Ma. Enriqueta
Alanís Miguelina
Pérez Guadalupe
Gómez Humberto
Saldivar Ignacio
Tapia Victor
Altamirano Angelina
Sánchez Berta
Torres P. Edna
Vázquez Moreno Gilberto
Luna Francisco
Fernández Ernesto
Vázquez Jiménez Gilberto
Becerril Lorenzo
Favela Guadalupe
González Ernestina
Granguillhome Mercedes
Lara Ma. Soledad

Hurtado Victoria
Nucio Olivia
Robledo Josefina
Reyes Gil Soledad
Téllez Girón Josefina
Zárate Glafira
Sánchez Raúl
Matchain Amparo
Aguayo Juan
Bañuelos Antonio
Espínola Carmen
Paulín Mariano
Rubén Mariano
Bojarska María
Martínez Hebert
Millán Amalia
Romo Jesús
Schekaiban Angela
González Margarita
Medina Imelda
Maafs Carmen Alicia
Schega Lucía
Chávez Ma. Elena
Gaytán Noemí
González Esperanza
Pérez Carolina
Adalid Federico
Issa José
Morán Sara
Moreno Julio
Manzanilla Irma
Solís Ma. Luisa
Solís Celia
Flores Macario
García Carlos
Meza José Angel
Hernández José
Morelos Blanca
Ortega Librada
Durán Esela
Garza Ana María
Monroy Carmen
Muñoz Guadalupe
Cueva Esther

Rodriguez Tomás
Delgado Concepción
Molina Emilio
Cendejas Ma. de la Luz
Díaz Carmen
Rodriguez Fidela
Carbajal Sigfrido
Cruz Cristina
Castillo Ana María
Chemin Ma. Teresa
Madrigal Ana
Salazar Guadalupe
Alvarado Luz
Carbajal Emelia
Diáz Puente Ernesto
Lara Olga
López Soledad
Méndez Consuelo
Salinas Julia
González Irma
Rebollo Dolores
Franco Raquel
Alcalá Guadalupe
Luna Elena
Martínez Elsa
Barón Ma. Elena
Rodriguez Marco Antonio
Hernández Josefina
López José Manuel
Dorbeker Angélica
Pérez Isabel
Fernández Berta
Rivas Juana
Cuevas Ma. de Lourdes
Penansky Shirley Mirian
Avila Ma. Eugenia
Carreño Ma. de la Luz
García Chávez Aurora
García Josefina
Muñoz Ma. de la Luz
Salas Ramón
López Elodia
Ruiz María Gladys
Toledo Ligia

Bañuelos Alicia
Guarneros Raquel
Bernard Ma. de los Angeles
Castro Escobar Consuelo
Morones Rafael
Romero Ana María
Subías Luz

CLASES DE COMPOSICION

Cárdenas Renán
López José Manuel
Saloma Ezequiel
Ortigosa Santiago
Zárate Othón
Garnica Manuel
González Salvador
Márquez Estanislao
Romero Rojas Abel
Castillo Efrén
Rubio Ma. Luisa
Sotomayor Magdalena
Alcocer María Suárez de
Valle Leyva Rodrigo
Porzio Oliverio
Bustos Raquel
Bahena Alfonso
Carbón Elena
Galván José
Jiménez Enrique
Montiel Olvera Armando
Montiel C. Agustín
Ortega Librada
Rivera Tirso
Vázquez Sánchez Carlos
Silva Jesús
Treviño Luz
Velasco Jesús
Valverde Martiniano
Fernández Consuelo
García Z. Agustín
Mendoza Santiago
Moreno Salvador
Villalbazo Rodolfo

López Pedro
Rojas Ma. Teresa
Cuevas Ma. de Lourdes
Fernández Ernesto

CLASES DE VIOLIN

Barragán Salvador
Castro José Luis
Olivares Miguel
Rodriguez Consuelo
Sarabozo Daniel
Calvo Jorge
García Alfonso
Sánchez Vicente
Olaya José
Bárcenas Modesto
Campos Ignacio
Castillo Catalina
Jiménez Enrique
Martínez Luis Antonio
Osorio Juan José
Rivero G. Juan
Salinas Mario
Santos Daniel de los
Mares José
Juárez Jorge
Saloma C. Daniel
Zárate Othón
Solís A. Delio
Villaseñor Martín
Noyola José
López Corral Artemio
Márquez Estanislao
Valdés Germán
Castro Escobar Carlos E.
Gómez Carlos
Miranda Alfredo
St. Hill Gloria
Rosete Fernández Jesús
Castillo Efrén
Guzmán Agustín
Ruiz José
Carrillo Rodolfo

Caballero Hada Elena
Reina Mauricio
Sarkissian Carlos
Valverde Martiniano
Pastén Enrique
López Pedro
López Ricardo
Montao Juan
Velázquez Jesús
Jiménez Alfonso
Olivares Arturo
Alatorre Judith
Alvarado Margarita
Bustos Raquel
Contreras R. Francisco
Hernández José Luis
Milchorena Salvador
Ruiz Salvador
Ruiz Sergio
Zaldivar Ignacio
Mayorga Celestino

CLASE DE CONTRABAJO

Hernández José Luis
Jiménez Ezequiel
Saloma Ezequiel
Torres Vara Alberto

CLASE DE ARPA

Rossel Ma. Enriqueta
Riveros Ortiz Delia
Valdés Consuelo
Alatorre Judtih
Wallisser Olga
Aguilar Beatriz

CLASE DE GUITARRA

Navarrete Francisco
Müller Fedrico
Tejeda Tiburcio
Altamirano Angelina

Ariza Ciriaco
Flores Guillermo
Florez Nazario
Sánchez Raul
González Salvador
Viamonte Gabriela
Cabrera Joaquín
Montaño Filemón
Esperanza Manuel
Alegría Manuela
Bahena Alfonso
López Manuel
Silva V. Jesús

CLASE DE VIOLONCELLO

Tello S. Carlos
Castellanos Luis
Sánchez Alfonso
Rivera I. Tirso
Olalde Margarita
Garnica Manuel

CLASES DE INSTRUMENTOS DE ALIENTO.

Morales Primitivo
Ruiz Miguel
Tapia Jesús
Vitali Guido
Villanueva Tomás
Sánchez Armando
Preciado M. Miguel
Mayorga Silvestre
Bustos Raquel
Orta Enrique
Angulo Victor
Aguirre Rosendo
Aragón Guillermo
Carrillo Rodolfo
Camacho Luis
García Isauro
González José

Gutiérrez José
Gómez Carlos
Gómez D. Antonio
Juárez Rosalío
Moreno Froylán
Omaña Tomás
Pérez Felipe
Posadas Adolfo
Ruiz Jesús
Ruiz Arturo
Torres Norberto
Villegas Raúl
Zamora Gerónimo
Estrello Guillermo
Alvarez Guadalupe
Bustamante R. José
Bossi S. Juan
Barrios S. José
Herrera Guillermo
Hernández David
Márquez Roberto
Martínez Julio
Rosales Rodolfo
Rodriguez Alvaro
Sánchez Manuel
Serralde Adrián
Tenorio Plácido
Zárate Alvaro
Hernández Federico
Sánchez Miguel
García Alberto
Rojas Diódoro
Trejo Pedro
Conde Andrés
Torres Fausto
Aquino Rosendo Luis
Ramírez Jesús
Martínez Lorenzo
Torres Cecilio
García Jesús
Saloma Baldomero
Saloma Ezequiel
Escorcia Felipe

LISTA DE ALUMNOS DEL CONSERVATORIO

NACIONAL DE MUSICA.

1,940.

1.- ACEVEDO ARROYO Otilio

2.- AGUAYO SPENCER Juan.

3.- AGUILAR Beatriz Leonor.

4.- AGUILAR OLIVARES Alicia.

5.- AGUIRRE A Leonel.

6.- AGUIRRE BARCENA Magdalena.

7.- AGUIRRE CHAVARRI Ema.

8.- AGUIRRE L. Ma. del Rosario.

9.- AGUIRRE OLVERA FAUSTO.

10.- AGUIRRE Rosendo.

11.- ALANIS Miguelina.

12.- ALATORRE Judith.

13.- ALCALA MC. MANUS Guadalupe.

14.- ALCAZAR MORALES José-María.

15.- ALCOCER Ma. Suárez de

16.- ALDANA HERRERA Consuelo.

17.- ALDANA ROJAS Manuel Augusto.

18.- ALDASORO ECHEVERRIA Rosa María.

19.- ALEGRIA GRAJALES Manuela.

20.- ALONSO CARRILLO Juali.

21.- ALONSO QUIN Ana María.

22.- ALONSO SERVIN Margarita.

23.- ALTAMIRANO ORTIZ Margarita.

24.- ALTAMIRANO SCOTT Leticia.

25.- ALTAMIRANO VAZQUEZ Tomas.

26.- ALTER isaac.

27.- ALVARADO MANRIQUEZ Ana Ma.

28.- ALVARADO Ma. de la Luz.

29.- ALVARADO RIVERA Carmen.

30.- ALVARADO YEPES Margarita.

31.- ALVARES BELMONTE Eustolia.

32.- ALVARES POSADA Julio.

33.- ALVARES VALDIVIA Guadalupe.

34.- ALVARES DAVILA Graciela.

35.- ALVARES RAMIREZ Gaspar.

36.- ANAYA MORENOS Julia.

37.- AMBRIZ AGUILAR Isabel Loreto.

38.- AMBRIZ AGUILAR TERESA.

39.- ANAYA GUERRERO Alicia.

40.- ANDUIZA VALDEMAR Roberto

41.- ANGULO SALZAR Wifrido.

42.- ANGULO Victor.

43.- APANGO GUARNEROS Ma. Elena.

44.- ARAGON PINTO Guillermo.

45.- ARAGON RIVERA Ciriaco.

46.- ARAMBULA GONZALEZ Victor.

47.- ARENA LOZANO Angélica.

48.- ARGUELLES CENTENO Rubén.

49.- ARGUELLES GARCIA Julio.

50.- ARTEAGA SANCHEZ Arnulfo.

51.- ARREGUIN Ma. Luisa.

52.- ARRIOJA REVILLA Raul Salvador.

53.- ARRONA FLORES Eduardo.

54.- ARROYAVE RODRIGUEZ Samuel.

55.- ASCANIO SARABIA Ma. Angeles.

56.- ASTORGA Ana María.

57.- ASTUDILLO Rosa Elena.

58.- AVILA Ma. de Jesús Castañeda.

59.- AVILA Ma. Eugenia.

60.- AVILEZ ORDOÑEZ Mario.

61.- AYUB CHAVEZ D ora.

62.- AGUIRRE GUZMAN Telésforo.

63.- ANAYA GALLOWAY Ana María.

64.- BACA GUTIERREZ Elena.

65.- BADAGER GAVIÑO Luz.

66.- BAHENA Alfonso.

67.- BALBAS María.

68.- BALDERAS Dolores.

69.- BALDERAS GONZALEZ Pioquinto.

70.- BALDERAS VELAZQUEZ Socorro.

71.- BANDA Alberto.

72.- BAÑUELOS Antonio.

73.- BAÑUELOS GUADALUPE.

77.- BAÑUELOS GUZMAN Alicia.

78.- BARCENAS Modesto.

79.- BARLES ITUARTE Ma. Elena.

80.- BARRON PERALTA Ma. Elena.

81.- BARRANCO MORALES Alicia.

82.- BARRASA SUAREZ Luz María.

83.- BARRIOS SOLIS José.

84.- BAUTISTA HERNANDEZ Azimba.

85.- BAUTISTA MARQUEZ Gabriel.

86.- BAUTISTA RIZO Catalina.

87.- BECERRIL GUITRON Lorenzo.

88.- BENAVIDEZ Gustavo.

89.- BERNARD RAMIREZ Ma. Angeles.

90.- BETANCOURT Concha Rosa Aurora.

91.- BLANCA ESPEJEL María.

92.- BLAZQUEZ Ma, Elena.

93.- BOVADILLA GONZALEZ Angela.

99.- BOVADILLA LOZANO Juan.

100.- BOJARSKA María.

101.- BONET GREGOR Bernarda.

102.- BOSSI MENDEZ Juan.

103.- BRAVO CANALES Guillermina.

104.- BRAVO CRISTIANI Elena.

105.- BULAEVSKY Isaac.

106.- BUEN DIA CELIS Esperanza.

107.- BUEN DIA Jesús.

108.- BUSTAMANTE FELIX.

109.- BUSTAMANTE ROJAS José.

110.- BUSTOS RAQUEL.

111.- BARONA HERMOSILLO Bertha.

112.- CABALLERO Eduardo.

113.- CABALLERO ESPINOSA Jaime.

114.- CABALLERO ESPINOSA Maura.

115.- CABALLERO GARRIDO Constancio.

116.- CABALLERO HADA Elena.

117.- CABALLERO SAVALA Celia.

118.- CABRERA BAEZ Octavio.

119.- CABRERA CABRERA Virginia.

120.- CABRERA MACIAS Angela.

121.- CABRERA Joaquín.

122.- CADENA RUIZ Julia Ma.

123.- CALDERON DIAZ Staurofila.

124.- CALVO RODIGUEZ Jorge.

125.- CAMPOS IGNACIO.

126.- CAMPOS Miguel.

127.- CANDELAS FORTUÑO Humberto.

128.- CAÑEDA PEÑA EUSTACIO.

129.- CARVAJAL MONTAÑEZ Emelia.

130.- CARDENAS HOBBE AUGUSTO.

131.- CARMONA GONZALEZ Lino.

132.- CERVANTES MORALES Ma. Elena.

133.- CARRASCO BASOLS Angela.

134.- CARRASCO Elhers Ma.

135.- CARREÑO GUTIERREZ Ma. de la Luz.

136.- CARRERA PEREZ Manuel.

137.- CASTELLANOS MORENO Luisa.

138.- CASTILLO Ana María.

139.- CASTILLO Catalina.

140.- CASTILLO CORTES Guillermo.

141.- CASTILLO DELGADO Antonio.

142.- CASTRO CASTILLO José Luis.

143.- CASTRO ESCOBAR Consuelo.

144.- CASSICAS Katy.

145.- CAUDILLO PEREZ ANTONIO.

146.- CERBON Elena.

147.- CENDEJAS Ma. de la Luz.

148.- CERDA BARRERA Guadalupe.

149.- CERDA BARRERA Sofía.

150.- COLORADO MENESES José.

151.- COLONNA María.

152.- CONDE JIMENEZ Andres.

153.- CONTRERAS PLIEGO Efrain.

154.- CONTRERAS PLIEGO Omar.

155.- CONTRERAS RODRIGUEZ Francisco.

156.- CONTRERAS Salvador.

157.- CORONA AHUATZIN Rebeca.

158.- CORONA MAURICIO Enriqueta.

159.- CORDOVA Lilia.

160.- CORDOVA Lina.

161.- CORONA MAURICIO Ma. Elisa.

162.- CORTES CAMACHO Luis.

163.- CORTES CASTILLO Arcelia.

164.- CORTES SEGURA Socorro.

165.- CRAVIOTO RANGEL Deneb.

166.- CRUZ MANJARREZ Cristina.

167.- CRUZ RENE DE LA.

168.- CUERVO CARRAL Amanda.

169.-   CUERVO CORRAL Benjamín.

170.-   CUEVAS Ma. de Lourdes.

171.-   CHAPELA DIAZ CEBALLOS Carmen.

172.-   CHAVEZ CHAVEZ Raul.

173.-   CHAVEZ GUIZAR Natividad.

174.-   CHAVEZ QUEVEDO Manuel Isidoro.

175.-   CHAVEZ RAMIREZ Eva.

176.-   DAVILA GLORIA José.

177.-   DECIGA PEREZ DE LEON Carlos.

178.-   DURAN R. Estela.

179.-   DEHESA BERNAL Leoncio.

180.-   DELGADILLO CAMACHO Enriqueta.

181.-   DELGADO SEVERINE Concepción.

182.-   DEYNE RODRIGUEZ Herbert.

183.-   DIAMANT KATZ Celia.

184.-   DIAZ BARRIGA Alfredo.

185.-   DIAZ DE LEON Ana María.

186.-   DIAZ GONZALEZ GLORIA.

187.-   DIAZ LARA Addi.

188.-   DIAZ RODRIGUEZ CARMEN.

189.-   DIAZ TORRES Julio.

190.-   DIOS MARIANELA SIERRA DE.

191.-   DOMINGUEZ ALBERTO.

192.-   DOMINGUEZ Esperanza.

193.-   DORBEKER CASASUS Angélica.

194.-   DOSAMANTES Masha de.

195.-   ECHEGOYEN CARMONA Evelia.

196.-   ECHEGOYEN CARMONA Hilda.

197.-   ECHEGOYEN CARMONA Rufino.

198.-   ECHEVERRIA MORALES Guadalupe.

199.-   EIBISTER NOTTI Alicia.

200.-   ELIAS ALARCON Alda de.

201.-   ELIZALDE PEREZ Julio.

202.-   ESCALANTE SOSA Alicia.

203.-   ESCOBAR MORENO Julio.

204.-   ESCOBEDO FUENTES José.

205.-   ESCORCIA Felipe.

206.-   ESCUDERO DURAN Roberto.

207.-   ESPERANZA C. Manuel.

208.-   ESPINOSA ANDRADE Margarita.

209.- ESPINOLA VEYRO Carmen.

210.- ESPINOSA ARAGON José Angel.

211.- ESPINOSA CADENA Soledad.

212.- ESPINOSA DELOS MONTEROS Agustín

213.- ESPINOSA ELENES Leonila.

214.- ESPINOSA PEREZ DE LEON Ernesto.

215.- ESPINOSA V. Emilia.

216.- ESPINOSA VILLARRUEL Leopoldo.

217.- ESTEVEZ ESCAMILLA Ma de la Luz.

218.- ESTRADA DE LA FUENTE Carmen.

219.- EVELSON GUTERMAN Sara.

220.- FALD Charlotte.

221.- FAVELA Sara Guadalupe.

222.- FERNANDEZ Consuelo.

223.- FERNANDEZ Ernesto.

224.- FERNANDEZ LOPEZ Aurora.

225.- FERNANDEZ RUIZ Fernando.

226.- FERNANDEZ VELASCO Beatríz.

227.- FERNANDEZ VELASCO Berta.

228.- FERRIGNO DE LEON Mario Alberto.

229.- FILCER MENDELL Juan.

230.- FLORES CALVILLO Susana.

231.- FLORES DUEÑAS ESTHER.

232.- FLORES H. Lorenzo.

233.- FLORES JAMES Margarita.

234.- FLORES MENDEZ Guillermo.

235.- FLORES NAZARIO.

236.- FRAGA GAYTAN Rafael.

237.- FRANCO VILLA Raquel.

238.- GALICIA HERRERA Ma. Teresa.

239.- GALINDO Blas.

240.- GALVAN OROZCO José.

241.- GALVAN RODIGUEZ Sara Noemí.

242.- GAMBOA Gilberto.

243.- GARCIA A. Gilberto.

244.- GARCIA Alberto Job.

245.- GARCIA BARRON Amparo.

246.- GARCIA CASTILLEJA Dolores.

247.- GARCIA CORDERO Julio.

248.- GARCIA DE CHAVEZ Aurora.

249.- GARCIA DE LAS FLORES Julián.

250.- GARCIA DE MENDOZA CORONA Elsa.

251.- GARCIA DE MENDOZA CORONA Magdalena.

252.- GARCIA DOBLADO Elena.

253.- GARCIA ESCOBAR Gudelia.

254.- GARCIA GARCIA Constantino.

255.- GARCIA JIMENEZ Alfonso.

256.- GARCIA L. Carlos.

257.- GARCIA LARA Josefina.

258.- GARCIA MARQUEZ JESUS.

259.- GARCIA M. Leobardo.

260.- GARCIA MARTINEZ Alfonso.

261.- GARCIA RAMIREZ Olga.

262.- GARCIA RAMIREZ Salvador.

263.- GARCIA SANCHEZ Isaura.

264.- GARCIA SANCHO Ma. Cristina.

265.- GARCIA SANDOVAL Rosaura.

266.- Garcia Santillan Roberto.

267.- GARCIA ZERON Agustín.

268.- GARNICA FIERRO Manuel.

269.- GARRIDO Guadalupe.

270.- GARRIDO Luz María.

271.- GARZA ANA MARIA DE LA.

272.- GARZA HERNANDEZ Eloisa de la.

273.- GARZA HERNANDEZ Ofelia de la.

274.- GARZA HUBBARD Adde Estela de la.

275.- GARZA HUBBARD Zadie de la.

276.- GAYOSSO PAREDES Rodolfo.

277.- GAYTAN Noemí.

278.- GEBARA Alia.

279.- GIL CHAVEZ Ma. Eugenia.

280.- GILBERT ROJAS Gloria.

281.- GILABERT ROJAS Ma. Lourdes.

282.- GOCHICOA ARENAS Elvira.

283.- GOMEZ Lucrecia Ma. De

284.- GOMEZ MARTINEZ Humberto.

285.- GOMEZ REVELO Noemí.

286.- GOMEZ PALOMINO Carlos.

287.- GONZALEZ ARCE Vicente.

288.- GONZALEZ BARRERA Hector.

289.- GONZALEZ CONTRERAS Hannia.

290.- GONZALEZ GARCIA Ernestina.

291.- GONZALEZ ONTIVEROS Margarita.

292.- GONZALEZ MONTHYON Liliams.

293.- GONZALEZ MORALES Irma.

294.- GONZALEZ OLIVER Olivia.

295.- GONZALEZ PEREZ Raul.

296.- GONZALEZ R. José.

297.- GONZALEZ REYES ESPERANZA.

298.- GONZALEZ Roberto.

299.- GRODILLO FERNANDEZ Eunice.

300.- GOROSTIZA Carmen.

301.- GOVEA RIVERA Juan.

302.- GRANGUILHOME Ouvier Mercedes.

303.- GRINHAUSE SIMMERMAN Leonardo.

304.- GUARNEROS SALZAR Raquel.

305.- GUERRERO CALDERON Sergio G.

306.- GUERRERO LOPEZ Gloria.

307.- GUERRERO CAMACHO David.

308.- GUERRERO MARTINEZ Gloria.

309.- GUTIERREZ Roberto.

310.- GUTIERREZ VILLA Zeferino.

311.- GUZMAN Agustín.

312.- GUZMAN GARCIA Ma. Luisa.

313.- GUZMAN GOMEZ Angel.

314.- GUZMAN ROJAS Roberto.

315.- GONZALEZ GOMEZ Israel.

316.- HERNANDEZ JAUREGUI María.

317.- HERNANDEZ ACEVES José.

318.- HERNANDEZ ALVARADO Ardelia.

319.- HERNANDEZ ALVARADO Joaquín.

320.- HERNANDEZ Herminia.

321.- HERNANDEZ DE LA HIGUERA Hosefina.

322.- HERNANDEZ HERNANDEZ Rebeca.

323.- HERNANDEZ José Luis.

324.- HERNANDEZ RINCON Federico.

325.- HERNANDEZ PALOMO Delia.

326.- HERNANDEZ RUBIO Pilar.

327.- HERNANDEZ TOOS Guillermo.

328.- HERREA AGUILAR Salvador.

329.-   HERRERA GONZALEZ GUILLERMO.

330.-   HERRERA Ma. Luisa.

331.-   HERRERA NIETO Carmen.

332.-   HERRERA NIETO Rosario.

333.-   HEVIA PLANELLS Antonia.

334.-   HILL SANCHEZ José Rafael.

335.-   HILL SANCHEZ Yolanda.

336.-   HUERTA HERRERA Graciela.

337.-   HUERTA HERRERA Jorge.

338.-   IBARRA RAMIREZ Alberto.

339.-   ISLAS CAVIEDES Mercedes.

340.-   ISLAS OROZCO Ma. Enriqueta.

341.-   ITURRIAGA NIETO Antonieta.

342.-   JACOBO ARCE MA. de la Luz.

343.-   JAIME ALVAREZ Carmen.

344.-   JANNUNZIO SONI Querubín.

345.-   JARA RODRIGUEZ Vda. De Cuesta.

346.-   JASO MARTINEZ LEONOR.

347.-   JIMENEZ CARVAJAL Enrique.

348.-   JIMENEZ GRANADOS Delia.

349.-   JIMENEZ GUTIERREZ José.

350.-   JIEMENEZ MORENO Eduardo.

351.-   JIMENEZ PRADO Ezequel.

352.-   JIMENEZ ZUÑIGA Erlinda.

353.-   JIMENEZ ZUÑIGA Yolanda.

354.-   JUAREZ GARCIA Jorge.

355.-   JUAREZ GONZALEZ AURORA.

356.-   JUAREZ MOCTEZUMA Jorge.

357.-   JUAREZ OLGA.

358.-   JUAREZ VARGAS Ma. de la Luz.

359.-   KRAUZE PAJT Rosa.

360.-   LAGUNEZ Irene.

361.-   LAMA PORTILLO David.

362.-   LANGO Evangelina.

363.-   LARA LARA Consuelo.

364.-   LARA María Soledad.

365.-   LARA VALDEZ Jesús.

366.-   LARA ZAPATA Ma. Teresa Zoila.

367.-   LARRAINZAR SANTOS Estela.

368.-   LARREA GAVITO Estela.

369.- LAVISTA MENDOZA Olga.

370.- LEGASPI REYES J. Natividad.

371.- LEJARAZU Juan José.

372.- LEON ELIZONDO Ma. Laura.

373.- LEON MARISCAL ACOSTA Teresa.

374.- LIMON DIAZ Sarah.

375.- LOPEZ AYON Dolores.

376.- LOPEZ BARAJAS Celis.

377.- LOPEZ CORRAL Artemio.

378.- LOPEZ GODINA Sara.

379.- LOPEZ HERRERA Margarita.

380.- LOPEZ LOPEZ RICARDO.

381.- LOPEZ LOPEZ RUBEN.

382.- LOPEZ MARURI Humberto.

383.- LOPEZ MARURI Mario.

384.- LOPEZ MARURI Pilar.

385.- LOPEZ MENDOZA Florentina.

386.- LOPEZ MONROY Ma. de la Luz.

387.- LOPEZ P. José Manuel.

388.- LOPEZ QUINTERO ELENA.

389.- LOPEZ REYES Elodia.

390.- LOPEZ RIVERA Gudalupe.

391.- LOPEZ SANCHEZ Olga.

392.- LOPEZ SANCHEZ Pedro.

393.- LOPEZ SANDOVAL Soledad.

394.- LOPEZ VALLEJO Carlos.

395.- LUNA QUESADA Consuelo.

396.- LUNA MANRIQUE Francisco.

397.- LUNA OLVERA Antonio.

398.- LUNA SEGURA Elena.

399.- MAAFS D. Carmen Alicia.

400.- MAAFS d. Ma. Amelia.

401.- MAASS CEVALLOS Alicia.

402.- MACIAS ALVAREZ Marta Emilia.

403.- MACIEL MONTES DE OCA Gudalupe.

404.- MADRIGAL CUEVA Ana.

405.- MANJARREZ BARRON Cesario.

406.- MANRIQUE MACIAS Francisco.

407.- MANZANOS CASTALLEDA Salvador.

408.- MARES José.

409.- MARIEL LARA Jesús Virgilio.

410.- Marquez Almanza Emilia.

411.- MARQUEZ JACOBO Estanislao.

412.- MARTINEZ BRAVO José Luis.

413.- MARTINEZ CORRAL Ana Elsa.

414.- MARTINEZ DE LA VEGA Alfredo.

415.- MARTINEZ DIAZ DE LEON Concepción.

416.- MARTINEZ GUTIERREZ Beatríz.

417.- MATINEZ Herbert.

418.- MARTINEZ LINDORO Jaime.

419.- MARTINEZ Luis Antonio.

420.- MARTINEZ MOLINA Adrián.

421.- MARTINEZ M. Julio.

422.- MARTINEZ R. Federico.

423.- MARTINEZ SALZAR Carmen.

424.- MARTINEZ UGLADE Heriberto.

425.- MARTINEZ UGLADE Jaime.

426.- MATA SANTILLAN Alfonso.

427.- MATCHAIN Contreras.

428.- MATEO LOPEZ FAUSTINO.

429.- MATUS ZARATE Blanca Estela.

430.- MATUS ZARATE Lucía Sara.

431.- MATUS ZARATE Manuel Alfonso.

432.- MAURIÑO VINIEGRA Rosa.

433.- MAYORGA MENDOZA Celestino.

434.- MAYORGA Silvestre.

435.- MEDINA Imelda.

436.- MEJIA MORENO Leopoldo.

437.- MENDEZ RENDON Lucrecia.

438.- MENDEZ VAZQUEZ F. Roberto.

439.- MENDOZA Concepción.

440.- MENDOZA CONDRASTROFF Irma.

441.- MENDOZA CONDRASTROFF Hilda.

442.- MENDOZA CONDRASTROFF Lilia.

443.- MENDOZA ORTEGA Julian.

444.- MENDOZA PINETTI Aida.

445.- MENDOZA Santiago.

446.- MENA BARRIGA Miguel.

447.- MENA ROJAS Rebeca.

448.- MENDEZ ARCEO Consuelo.

449.- MERINO SANTILLAN Ma. del Carmen.

450.- MEZA José Angel.

451.- MEZA MOCTEZUMA José.

452.- MILCHORENA Salvador.

453.- MIRANDA Alfredo.

454.- MOLINA SANCHEZ Emilio.

455.- MONDRAGON URIBE Angela.

456.- MONROY NIECKE Carmen.

457.- MONTAÑO GONZALEZ Juan.

458.- MONTAÑO Pedro.

459.- MONTAÑO TAPIA Filemón.

460.- MONTE OLIVARES Franco del

461.- MONTERO Alberto.

462.- MONTERO OLVERA Esperanza.

463.- MONTIEL OLVERA Armando.

464.- MONTIEL CAMPIÑO Agustín.

465.- MONZON AZPEITIA Francisco.

466.- MONZON MALICE Rodolfo.

467.- MORA CORTES María.

468.- MORALES CASTELLANO Irma.

469.- MORALES GRAHAM Juventino.

470.- MORALES MIRANDA Enrique.

471.- MIRANDA MORALES Roberto.

472.- MORALES LOZANO Primitivo.

473.- MORAN GUTIERREZ Francisca.

474.- MORAN LAGARDE Sara.

475.- MORELOS Blanca.

476.- MORENO BARROSO Raquel.

477.- MORENO FLORES Ramón;

478.- MORENO Pascual.

479.- MORENO RODRIGUEZ Alicia del Pilar.

480.- MORGESZTJN Moisés.

481.- MORONES Rafael.

482.- MULLER Federico.

483.- MUNDO Silvino.

484.- MUNGUIA CRUZ Jorge.

485.- MUÑOZ ALFARO Roberto.

486.- MUÑOZ GUTIERREZ Carlos.

487.- MUÑOZ LEDO Ma. de la Luz.

488.- MUÑOZ ROJAS Consuelo.

489.-   MURGUIA PARRA Cristina.

490.-   MURILLO ESPINOSA Ezequiel.

491.-   MARQUEZ PEREZ Felipe.

492.-   MORALES GALINDO José de Jesús.

493.-   NASIELSKIER Jorge.

494.-   NASIELSKIER Eva.

495.-   NAVA AGUILAR Samuel G.

496.-   NAVARRETE BARRERA Francisco.

497.-   NAVARRO DE LA TORRE Aurora.

498.-   NEGRETE GALICIA Marcos.

499.-   NISISAWA Carmen.

500.-   NOYOLA José.

501.-   NUNCIO Oliva.

502.-   NUÑEZ Manuel.

503.-   OBREGON TORRES Enrique A.

504.-   POLANCO Margarita.

505.-   OLAYA C. José.

506.-   OLIVARES Arturo.

507.-   OLIVARES JIMENEZ Miguel.

508.-   OLVERA Y PEREZ DE LARA Ma. Teresa

509.-   ORANTES L. Consuelo de

510.-   ORIVE TRONCOSO Carmen.

511.-   ORTEGA Librada.

512.-   ORTEGA MONTES Amparo.

513.-   ORTEGA SILVA Ofelia.

514.-   ORTIZ ESTRADA Ma. Dolores.

515.-   ORTIZ MEDINA Rosa María.

516.-   ORTIZ MENDOZA Micaela de

517.-   ORTIZ SANCHEZ Rodolfo.

518.-   ORTIZ VILLACORTA Michel.

519.-   ORTUÑO CORTES Adelina.

520.-   ORTUÑO CORTES Joaquín.

521.-   OSORIO PALACIOS Juan José.

522.-   PACO MEDINA Sotera.

523.-   PACHECO RUIZ Isaac.

524.-   PALAFOX BUSTAMANTE Ma. Teresa.

525.-   PARRA MUÑOZ Jesús.

526.-   PARRA SANCHEZ Gloria.

527.-   PASTEN Enrique.

528.-   PAVON BLANCA Estela.

529.-   PEDROZA GARCIA Ramón.

530.-   PELAEZ CALDERON Guadalupe.

531.-   PEÑA ALDAPE Matilde.

532.-   PEÑA CASTELLANOS Mariano.

533.-   PEREDO Enriqueta.

534.-   PEREZ ARIAS Guadalupe.

535.-   PEREZ ESCOTO Felipe.

536.-   PEREZ GARCIA Isabel.

537.-   PEREZ Isidro.

538.-   PEREZ MORENO Froylán.

539.-   PEREZ PACHECO Siria.

540.-   PEREZ PEREZ Catalina.

541.-   PEREZ PINEDA Gregorio.

542.-   PEREZ SANTOS Angel.

543.-   PEREZ SERRANO Carolina.

544.-   PEREZ ZIMER Gloria.

545.-   PEREZ ZURITA María.

546.-   PERKINS DIAZ Roberto J.

547.-   PICHARDO HERNANDEZ Antonio.

548.-   PIMENTEL PADILLA Anna María.

549.-   PINEDA ARZATE Emilio.

550.-   PINEDA José Antonio.

551.-   PINEDA MILLA Guillermo.

552.-   PINELLI GONZALEZ Gloria.

553.-   PONCE MARTINEZ Juan.

554.-   PONCE MARTINEZ María.

555.-   POZO TIRADO Ana María del

556.-   PRADO PAZ Miguel.

557.-   PRECIADO MARTINEZ Miguel.

558.-   PUELL SARABIA Miguel.

559.-   PUELL SARABIA Ricardo.

560.-   PUENTE CASTELAZO Luz María.

561.-   QUIROZ MARTINEZ Ma. Luisa.

562.-   QUIROZ MARTINEZ Olga.

563.-   RIVERA AVILA Adolfo.

564.-   RAMIREZ DIAZ Jesús.

565.-   RAMIREZ LEAL Olga.

566.-   RAMIREZ LOPEZ Elvira.

567.-   RAMIREZ MISTILLIPIS Oscar.

568.-   RAMIREZ MISTILLISPIS Sergio A.

569.- RAMIREZ PEREZ Carlos.

570.- RAMIREZ PEREZ Hector.

571.- RAMIREZ PEREZ Ma. Consuelo.

572.- RAMIREZ PEREZ Ranulfo.

573.- RAMIREZ SILVESTRE Máximo.

574.- RAMIREZ TELLEZ Carmen.

575.- RAMON MARTIN Carmen.

576.- RAMOS Fernando.

577.- RAMOS LOPEZ Celina.

578.- REVELO Luis.

579.- REBOLLO Carmen.

580.- RESENDIZ GARIFAS Salustia.

581.- REYES GIL Soledad.

582.- REYES LOPEZ Venustiano.

583.- REYES PEREZ Prospero.

584.- REYES SANCHEZ Jesús.

585.- REYES ZAVALA Aurora.

586.- REYNA ORTEGA Mauricio.

587.- RIO MORENO José Luis del

588.- RIO SN. VICENTE LETICIA DEL

589.- RIVAS Consuelo.

590.- RIVAS LOREDO A-urelio.

591.- RIVERA HERNANDEZ Doris Beatríz.

592.- RIVERA IBARRA Olga.

593.- RIVERA IBARRA Tirso.

594.- RIVERA GONGORA Juan.

595.- RIVERO ORTIZ Delia.

596.- ROBLEDO Josefina.

597.- ROBLES FLORES A-ntonio

598.- ROBLES FLORES Carlos.

599.- ROBLES Guillermo.

600.- RODRIGUEZ Alvaro.

601.- RODRIGUEZ BARRERI Antonio.

602.- RODRIGUEZ BRONDO Guadalupe.

603.- RODRIGUEZ CARBAJAL Sigfrido.

604.- RODRIGUEZ Fidela.

605.- RODRIGUEZ FAUSTO Consuelo.

606.- RODRIGUEZ LEZAMA Marta.

607.- RODRIGUEZ RINCON G. Catalina.

608.- RODRIGUEZ SALAZAR Tomás.

609.- RODRIGUEZ TOME Feliciano.

610.- RODRIGUEZ VILLEGAS Susana.

611.- ROJAS CARDENAS Héctor.

612.- ROJAS GARCIA José Fidencio.

613.- ROJAS RENDON José de Jesús.

614.- ROJAS RODRIGUEZ Carmen.

615.- ROJAS RODRIGUEZ Ma. Teresa.

616.- ROMERO CASTAÑEDA Ignacio.

617.- ROMERO FLORES Ana María.

618.- ROMERO ROJAS Abel.

619.- ROMERO ROMERO María.

620.- ROMO Jesús.

621.- ROQUEÑI OLMOS Ma. Teresa.

622.- ROSAS MENDEZ Porfirio de la

623.- ROSADO GARCIA Francisco.

624.- ROSADO JIMENEZ Lucía,

625.- ROSALES CORONA Rodolfo.

626.- ROSAS GOMEZ Beatriz.

627.- ROSAS GOMEZ Mercedes.

628.- ROSELLO GUZMAN Carmen.

629.- ROSETE FERNANDEZ Jesús.

630.- ROBIROSA NADE Dandelaria.

631.- RUBLACAVA DE LOA Lorenzo.

632.- RUBALCAVA José.

633.- RUBIELL León Luis.

634.- RUBIO CRUCES Ma. Luisa.

635.- RUBIO PALACIOS Berta.

636.- RUBIO Ma. Elena.

637.- RUIZ AGUILAR Sergio.

638.- RUIZ ARANA Arturo.

639.- RUIZ LOPEZ José.

640.- RUIZ PEREZ Rosalía.

641.- RUIZ SUAREZ Salvador.

642.- RUIZ RIVAS Cladys María.

643.- RUIZ VELASCO Jesús.

644.- RUIS ORDAZ Antonio.

645.- SALDAÑA DEL ANGEL Roberto.

646.- SALAZAR GRANADOS Lily.

647.- SALAZAR GRANADOS Hilda.

648.- SAGARMINAGA SANTAMARIA Carlos

649.-   SALAZAR LOPEZ Myros.

650.-   SALZAR RINCON Salvador.

651.-   SALAZAR RODARTE Guadalupe.

652.-   SALAZAR URBINA Alberto.

653.-   SALINAS Amado.

654.-   SALINAS Mario.

655.-   SALINAS ROSAS Juliana.

656.-   SALMERON RANGEL Ceferino.

657.-   SALOMA CORDOVA Daniel.

658.-   SALOMA ORTEGA Baldomero.

659.-   SALOMA ORTEGA Ezequiel.

660.-   SANCHEZ CONTRERAS Alfonso.

661.-   SANCHEZ ACUŃA ELENA.

662.-   SANCHEZ DIAZ Ana María.

663.-   SANCHEZ DIAZ Raquel.

664.-   SANCHEZ GUTIERREZ Vicente.

665.-   SANCHEZ MARTINEZ Olga.

666.-   SANCHEZ MARTINEZ Rosaura.

667.-   SANCHEZ MEJIA María.

668.-   SANCHEZ RIOS Norberto.

669.-   SANCHEZ ROSADO Luis.

670.-   SANCHEZ SALAZAR Laura.

671.-   SANCHEZ SANCHEZ Raul.

672.-   SANCHEZ VAZQUEZ Manuel.

673.-   SANCHEZ VEGA Ana María.

674.-   SANTAMARIA MONTOYA Beatríz.

675.-   SANTAMARIA SALOMA José.

676.-   SANTANA VIZCAINO Graciela.

677.-   SANTOS GARAVEO Carlos Luis.

678.-   SANTOS Daniel A. de los.

679.-   SARQUICIAN Carlos.

680.-   SCHEIKAIBAN Angela.

681.-   SCLAR Abraham.

682.-   SCLAR Celia.

683.-   SCLAR Dora.

684.-   SEDANO POSADA Ma. Cristina.

685.-   SEGURA PINILLA Graciela.

686.-   SEGURA SALINAS Zacarias.

687.-   SERRALDE PEREZ Adrian.

688.-   SEVILLA ESTEVES LEONOR.

689.- SIGUENTES SANCHEZ José.

690.- SHIRLEY PENANSKY Miriam.

691.- SOHIJET WELTMAN Julio.

692.- DILVA ARRIAGA Josefina.

693.- SILVA VALDEZ Jesús.

694.- SIMON ALVAREZ Fernando.

695.- SIROTZKY Elena.

696.- SIUROB ARANA Guadalupe.

697.- SIVON ROJAS Rosa Ma.

698.- SOLIS ALVARADO Delio.

699.- SOLIS CERVANTES Adelaido.

700.- SOLIS MONTIEL MA. Luisa.

701.- SOLIS Napoleón.

702.- SORIANO MATHAON Victorina.

703.- SOSA GONZALEZ Altagracia.

704.- SOTO PRIEGO Ma. Socorro.

705.- SOTOMAYOR MARTINEZ Magdalena.

706.- STARK Carmen.

707.- STAROMINSKY Ida.

708.- ST. HILL Helem.

709.- SUAREZ MUÑOZ LEDO Alfredo.

710.- SUAREZ MUÑOZ LEDO Aurora Carmen.

711.- SUAREZ DEL REAL Elena.

712.- SUAREZ REAL Guadalupe.

713.- SUAREZ Salvador Arnulfo.

714.- SUBIAS LEZAMA Luz.

715.- TAPIA ALDAY Berta.

716.- TAPIA MARTINEZ Jesús.

717.- TAPIA RODRIGUEZ Ma. Luisa.

718.- TAPIA RODRIGUEZ Sara.

719.- TAPIA Victor Manuel.

720.- TATO DE LA FUENTE Gloria.

721.- TEJEDA RODRIGUEZ Tiburcio.

722.- TEJEDA TEJEDA Carlota Ofelia.

723.- TEJEDA TREVIÑO Altair.

724.- TELLEZ GIRON Josefina.

725.- TELLEZ GIRON Ma. Ester.

726.- TENORIO Plácido.

727.- TENORIO ZATARIAN Marta.

728.- TOLEDO HERNANDEZ Julieta.

729.- TORRES Cecilio.

730.- TORRES MENDEZ Fausto.

731.- TORRES PATONI Edna.

732.- TORRES VARA Alberto.

733.- TOVAR MONTERO Consuelo.

734.- TOVAR MONTERO Ma. de la Luz.

735.- TOVAR MONTERO Mercedes.

736.- TOVAR MONTERO Paz Aurora.

737.- TREJO CASTILLO Isela.

738.- TREJO GOMEZ Daniel.

739.- TREVIÑO Ma. de la Luz.

740.- TUCKER Lynne.

741.- TOLEDO CUSSI Ligia.

742.- VADILLO SANOGUERA Segundo.

743.- VALDES CASTILLO Angel.

744.- VALDES ROBLEDO Moisés.

745.- VALERA RIVERA Alfonso.

746.- VALVERDE BUENDIA Martiniano.

747.- VALLE GONZALEZ Zenaido.

748.- VALLE LEYVA Rodrigo.

749.- VARGAS Carmen Elizabet.

750.- VAZQUEZ GODINEZ Encarnación.

751.- VAZQUEZ JIMENEZ Gilberto.

752.- VAZQUEZ SALAZAR Alfredo.

754.- VAZQUEZ SANCHEZ Alfredo.

755.- VAZQUEZ SANCHEZ Carlos.

756.- VELASCO ARAGON Jesús.

757.- VELASCO CERON Esperanza.

758.- VELAZQUEZ NIETO Carmen.

759.- VELAZQUEZ NIETO celia.

760.- VELAZQUEZ RODRIGUEZ Jesús.

761.- VELAZQUEZ VELAZQUEZ Alicia.

762.- VERA Ma. de la Luz.

763.- VERGARA VELAZQUEZ Guadalupe.

764.- VERTIZ TORRES Jorge.

765.- VIAMONTE Gabriela.

766.- VILLALBA Ramón.

767.- VILLALBAZO Rodolfo.

768.- VILLANUEVA SANTOS Tomás.

769.- VILLA VILABOA Magina.

770.- VILLALSANA DELGADO Timoteo.

771.- VILLASEÑOR COLIN Martín.

772.- VILLASEÑOR MEDRANO Josefina.

773.- VILLEGAS RIVAS Raul.

774.- VILLEGAS TREJO Soledad.

775.- VITALI BELTRAN Guido.

776.- VIZCAINO GUZMAN Raquel.

777.- WAISSMANN Elisa.

778.- WAISSMANN Eva.

779.- WALLISSER Olga.

780.- ZALDIVAR RAMIREZ Ignacio.

781.- ZAMUDIO Ezequiel Lisandro.

782.- ZARABOSO GUTIERREZ Daniel.

783.- ZARSOZA Berta de León.

784.- ZAVALA REYES Concepción.

más los alumnos de la Presencial en número de 192.

785.- BLAZQUEZ Jorge.

786.- BELLAVISTA Pedro.

787.- CASSO JIMENEZ Roberto.

788.- ESPRIU Roberto.

789.- GARZA Luz Aurelia Z. De

790.- GONZALEZ DEL CASTILLO David.

791.- HEIBLUM Manuel.

792.- IGLESIAS Alfonso.

793.- JIMENEZ IBARRA Aurora.

794.- LORENZANA Marciano Antonio.

795.- LIMANTOUR José.

796.- MARQUEZ MONTOYA Susana.

797.- MEDINA Alejandro.

798.- PEREZ MORALES Antonio.

799.- PARTIDA GONZALEZ José.

800.- NERI Enrique.

801.- RAMOS L. Enrique.

802.- RAMOS SALINAS Jesús.

803.- ZAPATA SANCHEZ Santiago.

804.- Hernandez Raimundo.

805.- AZQUEZ Eliazar.

806.- ESPINOSA DE LOS MONTEROS Agustín.

807.- GARCIA Leobardo.

ALUMNOS OYENTES Y ASISTENTES.

SOCIEDAD

DE ALUMNOS DEL CON

SERVATORIO NACIONAL

DE MÚSICA.

CONSERVATORIO NACIONAL
DE MUSICA.

Dirección.
Correspondencia.

1254.

VII-I-

México, D.F., a 22 de junio de 1939.

A la Sociedad de Alumnos del
Conservatorio Nacional de Música.
- Presente.

Tengo el honor de enviarles mis más sinceras felicitaciones por los trabajos que están llevando a cabo para la celebración del Concierto dedicado al Maestro Manuel M. Ponce y a la vez de sugerirles un nuevo Plan de trabajo de caracteres revolucionario y artístico. Cosiste en llevar a cabo, con elementos de nuestro Conservatorio, una serie de Conciertos y pláticas de orientación musical y divulgación de buena música dedicada dicha serie especialmente a los miembros de Sindicatos y Agrupaciones Obreras y Campesinas. Para tal objeto sugiero la conveniencia de conseguir periódicamente el Teatro Hidalgo, el de Orientación y el del Pueblo, señalando temas en las pláticas en que se ilustre al público de las nuevas corrientes artísticas de tipo revolucionario.

De la aceptación de este plan, espero tener su contestación lo más pronto posible para que esta Dirección a mi cargo, les ayude en lo que ustedes crean pertinente.

Atentamente.

EL DIRECTOR. -

Dr. Adalberto García de Mendoza. -

Rubricado.

Gestiones de la Dirección para garantizar la situación económica de los estudiantes graduados en el Conservatorio, ante las Secretarias y Departamento de Estado

LA SITUACION ECONÓMICA DEL PASANTE

Y DEL RECIEN GRADUADO EN MUSICA.

- - - - - -

Una de las preocupaciones máximas de la Dirección ha sido la de proporcionar a los pasantes y recién graduados en el Conservatorio, las mejores condiciones económicas para que sus estudios no sean desvirtuados en un medio ajeno a una actividad artística seria. Nada es más doloroso que contemplar a profesionistas de la música empleando actividades contrarias al arte y aún a la moralidad. Muchos años de estudio para llegar a truncar una carrera ascendente tocando o cantando obras de una vulgaridad desconcertante. Para corregir este enorme defecto y a la vez resolver el problema de la educación musical en nuestro medio social, nada es más provechoso que encauzar a estos jóvenes por el sendero del magisterio o del concertismo.

Si nos referimos al primer aspecto, debemos notar varias modalidades: la enseñanza directa a los grupos pertenecientes a instituciones de docencia primaria, secundaria y profesional, incluyendo a los Kindergarten; la enseñanza directa a grupos que ocasionalmente se forman con motivo de sus actividades industriales, agrícolas o de afirmación sindical; en ambos casos se debe establecer un propósito perfectamente señalado dentro de una pedagogía para colectividades ya que no cabe duda esta enseñanza fortalece la disciplina y las nobles aspiraciones que las masas trabajadoras, tanto del Estado como de la fábrica y del campo, tienen para su integración cultural; la enseñanza directa de discípulos escogidos con marcada intuición artística; la nueva modalidad de transmisión del conocimiento por medio de la radio que ocupa uno de los lugares preferentes por su extensión y facilidad, así como la grabación de discos que también proporciona una enseñanza de primer órden.

Al segundo aspecto, o sea el del concertismo, corresponde a una elaboración personal en cuanto se trata de crear en el concertista las dotes necesarias y suficientes para actuar con decoro ante los grandes públicos.

Por lo que respecta a la enseñanza de la música, debe encauzarse a los alumnos, aspirantes al magisterio, tanto con prácticas pedagógicas como con una visión clara de la realidad para resolver su problema económico y salvaguardarse de toda desviación artística. Es por ello que esta Dirección a mi cargo ha creado, con interés máximo, la clase de Prácticas Pedagógicas, en que se analizan y se experimentan los diversos medios sociales, los procedimientos pedagógicos ajustados a esos campos y a todas las modalidades que implica este género de trabajo.

Para hacer más efectiva esta nueva modalidad del Conservatorio, pensé, desde un principio, que las prácticas se hicieran directamente en los medios sociales en que más tarde se actuaría ya de una manera profesional, experimentar en el campo vivo del trabajo con el objeto de crear especialistas y normar una corriente cultural perfectamente definida. Los campos de experimentación se encuentran en las Escuelas Primarias, los Kindergarten, las Escuelas de Anormales, las Comunidades Industriales y Agrícolas, el Ejército y otras similares. Para ello recurrí a las diversas Secretarías de Estado, así como a los Departamentos del Gobierno, con el objeto de que dieran las facilidades necesarias, para que éstas prácticas tengan su debido y conveniente resultado.

Las Secretarias de la Defensa Nacional, de Asistencia Pública, de Educación y de Gobernación han respondido con toda amplitud a este pedimento y varios pasantes están ya realizando sus sus prácticas en las Escuelas Amigas de la Obrera, Granja, Liberación, Internado Nacional Infantil, dependientes de la Secretaría de la Asistencia Pública; en las Escuelas controladas por el Departamento de Previsión Social, tales como Regeneración para varones, Regeneración para Mujeres, dependientes a su vez de la Secretaría de Gobernación; y ya se tienen dados los primeros pasos para actividades de este género, tanto en el ejército como en las Escuelas dependientes del Departamento de Música de la Secretaría de Educación Pública.

El radio de acción de estas actividades es enorme y para el año de 1940 se espera lograr una amplia realización tomando en cuenta el propósito de la Secretaría de la Defensa Nacional en el sentido de intensificar la educación musical creando Bandas de Música y Orfeones en número proporcionado al Ejército; así también en las Comunidades Indígenas recurriendo al Departamento de Asuntos Indígenas; en las Comunidades Agrarias, dirigiéndose al Departamento Agrario, en las Escuelas de Agricultura y Comunidades Agrarias controladas por la Secretaría de Agricultura y Fomento, así como en los Establecimientos Penales, Manicomios y demás instituciones en que los inadaptados sociales y enfermos mentales están sujetos a una educación conveniente.

Pero si bien es cierto que se desea que los Pasantes y los recien recibidos hagan una práctica pedagógica suficientemente seria, no es menos cierto que, tras de esta actividad, se busca que estos jóvenes lleguen a ocupar los puestos que conforme a su capacidad y constancia, se les pueda proporcionar en estas diversas dependencias. Siempre respetando los derechos adquiridos por maestros que han enseñado con anterioridad, haciendo valer los derechos de los injustamente cesados o por necesidades presupuestales, es de esperar que se resuelva favorablemente esta petición ya que dichas dependencias no tienen el profesorado suficiente para resolver el problema educacional dentro de las esferas de su actuación.

Hay posibilidades de sobra para que los graduados en el Conservatorio tengan una afirmación económica que les beneficie y resuelva a su vez el problema ingente de educación musical en todos los sectores a que las Secretarías y Departamentos de Estado se dedican. La Educación Musical en las Escuelas Primarias y Kindergarten es obligatoria, por Decreto Presidencial y sin embargo, la Sección de Música de la Secretaría de Educación Pública no puede satisfacer esta orden que supone una necesidad cultural, porque cuenta a lo sumo con dos centenares de profesores requiriéndose un porcentaje diez o quince veces mayor para más o menos resolver el problema en toda la República. Lo propio acontece en el Departamento de Prevención Social de la Secretaría de Gobernación. Y esto, sin mencionar los Institutos y las Escuelas Particulares que también están necesitadas de un personal docente suficientemente capacitado para la enseñanza musical.

En lo que respecta a la enseñanza por medio de la Radio, en que toman parte fundamentalmente los alumnos y profesores concertistas, lleva esta nueva actividad un salario perfectamente remunerado por un trabajo artístico serio y además una propagación de la buena música en todos los sectores de nuestra sociedad. Es una exigencia modificar las transmisiones arbitrarias que de música se hacen por medio de la Radio y aquí encontramos una oportunidad brillante para resolver esta lacra y a la vez beneficiar a artistas y radioescuchas. Al llamado de este nuevo intento la Cadena Radio Nacional ha respondido con prontitud y es por ello que le cabe la honra de iniciar en México, a petición de la Dirección del Conservatorio, el encauzamiento de manifestaciones como las que se han enunciado.

Dr. Adalberto García de Mendoza.

(Rúbrica). -

CONSERVATORIO NACIONAL DE MUSICA.

DIRECCION.
Correspondencia.

1042.

VII-I-

Relacionado con la aceptación de elementos graduados en este Conservatorio.

México, D.F., a 20 de mayo de 1939.

Co SECRETARIO DE LA DEFENSA NACIONAL.
DIRECCION TECNICA MILITAR.
Moneda 4.

CIUDAD. -

Entre los propósitos que han animado al Conservatorio desde que su dirección está a mi cargo, figura el de pugnar por medio de las medidas que estén a su alcance, orientar en la vida económica, a los elementos que se hayan preparado y recibido en el mismo Plantel, para las actividades musicales que pueda proporcionarles un medio de subsistencia, habiéndose reglamentado ya las prácticas pedagógicas de los pasantes. Por lo tanto, sabiendo que esa Dirección Técnica está próxima a terminar la diligenciación y organización de nuevas Bandas Militares, he de agradecer a usted se sirva disponer que, en la medida de sus posibilidades, se acepte a estos elementos para integrar aquellas Agrupaciones-orquestales, en la seguridad de que esa Secretaría cooperará al beneficio que se ha propuesto el subscripto, en favor de la cultura musical.

Como estoy seguro de que sabrá usted interpretar este deseo de cooperación, la Dirección de mi cargo le protesta a usted las más expresivas gracias y le significa las consideraciones más distinguidas.

EL DIRECTOR.

Dr. Adalberto García de Mendoza.

DEPENDENCIA: Dirección Ténica
Militar.
SECCION   Jefatura
Mesa
Número del oficio   3954
Exp.   F/597.41/1½

ASUNTO:- Que con mucho gusto y con la debida oportunidad, esta Dirección informará a ese Conservatorio Nacional de los elementos que se necesiten para la organización de los conjuntos musicales del Ejército

Sello con el -

ESCUDO NACIONAL

de la SECRETARIA
DE LA DEFENSA
NACIONAL.-

Al C. Dr. Adalberto García de Mendoza, Director del Conservatorio Nacional de Música. - Presente.

Me refiero a su atento oficio número 1042, expediente VIII, girado por la Dirección de su digno cargo el día 20 del corriente mes, y en el que solicita que por vía de cooperación se acepte a los elementos egresados de ese Plantel para la organización de los conjuntos musicales que deben ser creados como consecuencia de la reglamentación en proceso para estos organismos en el Ejército Nacional.

En debida respuesta, manifiesto a usted con verdadera complacencia que, con el deseo de estimular a los alumnos de ese Conservatorio Nacional, con mucho gusto y oportunidad pasaré a usted una noticia que se refiera al número de personas necesarias para dicha organización, así como los haberes de que deban disfrutar y demás condiciones sobre las que vendrían a actuar dentro del Ejército Nacional.

Atentamente.

SUFRAGIO EFECTIVO. NO REELECCION.

México, D.F., a 23 de mayo de 1939.

EL GENERAL DE BRIGADA DIRECTOR.

Juan Felipe Rico.

(Rúbrica).

Al márgen: - Poder Ejecutivo Federal. -México, D.F.-Estados Unidos Mexicanos.- Secretaría de la Asistencia pública. y el escudo nacional en el sello.- Al Centro: - ASUNTO; Informa que la Superioridad accede a la petición de esa dependencia en el sentido de que los alumnos pasantes hagan sus prácticas de enseñanza pedagógica en planteles de esta Secretaría.

Dirección General de Asistencia.
Oficina de Acción educativa.
Jefatura. -
Exp. 163. 2/1

7564.

México, D.F., 7 de junio de 1939.

C. Dr. Adalberto García de Mendoza,
Director del Conservatorio Nacional
de Música. -P r e s e n t e.-

Me refiero a su atento oficio número 848, de fecha 21 de abril anterior, para manifestarle, en debida contestación, que la Superioridad accede a la solicitud que usted presentó en el sentido de que los alumnos pasantes de ese establecimiento hagan sus prácticas de enseñanza pedagógica en los establecimientos dependientes de esta Secretaría; en la inteligencia de que al otorgar esta franquicia la Secretaría no contrae con los citados alumnos pasantes ningún compromiso.

Aprovecho esta oportunidad para presentar a usted las seguridades de mi consideración atenta.

SUFRAGIO EFECTIVO. NO REELECCION.
EL JEFE DE LA OFICINA

Prof. Celso Flores Zamora.

(Rubricado)

Es copia. -

PODER EJECUTIVO
FEDERAL
ESTADOS UNIDOS
MEXICANOS
MEXICO..D.F.
ESCUDO NACIONAL.

DIRECCION GENERAL DE
ASISTENCIA.
Oficina de Acción Educativa.
Jefatura.
Exp. 163. 2/1.

8780
México, D.F., 29 de junio de 1939.

SECRETARIA DE
LAS ASISTENCIA
PUBLICA.

ASUNTO: Se den facilidades a los alumnos pasantes
del Conservatorio N. de Música que abajo
se nombran, para que realicen sus prácticas
pedagógicas en ese Establecimiento.

C. Director del Internado
Nacional Infantil.
S. Antonio Abad #332. Parada Algarín.
Ciudad.

La Superioridad concedió a los alumnos pasantes del Conservatorio Nacional,
que en seguida se expresan, franquicias para que en esa Escuela de su cargo
hagan sus prácticas pedagógicas, de acuerdo con las orientaciones que al
efecto dará el C. Prof. Manuel Barajas, Inspector de Enseñanzas Musicales,
dependiente de esta Oficina.

1. Augstín Guzmán.
2. Ernestina González
3. Adrían Serralde.

Ruego a usted se sirva tomar nota de este asunto, y dar a los alumnos citados
las facilidades que necesiten para llenar debidamente su encargo.

Atentamente.

SUFRAGIO EFECTIVO. NO RELECCION.
El Jefe de la Oficina.

Prof. Celso Flores Zamora. Rúbrica.

c.c. al C. Dr. Adalberto García de Mendoza, Director del
Conservatorio N. de Música.-Moneda # 16. Ciudad.

c.c. al C. Prof. Manuel Barajas, Inspector de Enseñanzas
Musicales.-Independencia # 31.- C i u d a d

DIRECCION GENERAL DE
ASISTENCIA.
Ofa. de Acción Educativa.
Jefatura.-
Exp. 163. 2/1.

8781

PODER EJECUTIVO
FEDERAL MEXICO..D.F.

ESTADOS UNIDOS
MEXICANOS. EL
ESCUDO NACIONAL.

México, D.F., 29 de junio de 1939.

SECRETARIA DE LA
ASISTENCIA PUBLICA.

ASUNTO: Se den facilidades a los alumnos pasantes del Conservatorio
N. de Música que abajo se nombran, para que realicen sus
prácticas musicales en ese establecimiento.

C. Director de la Escuela
N. de Sordomudos.
P r e s e n t e.

La Superioridad concedió a los alumnos pasantes del Conservatorio
Nacional, que en seguida se nombran, franquicias para que en esa Escuela de
su cargo hagan sus prácticas pedagógicas, de acuerdo con las orientaciones
que al efecto dará el C/o Profesor Manel Barajas, Inspector de Enseñanzas
Musicales, dependiente de esta Oficina.

1. Micaela M. de Ortíz.
2. Ana María Romero.
3. Rosario Herrera.
4. Manuel Monterde.

Ruego a usted se sirva tomar nota de este asunto, y dar a los alumnos
citados las facilidades que necesiten para llenar debidamente su encargo.

Atentamente.

SUFRAGIO EFECTIVO. NO REELECCION.
El Jefe de la Oficina.

Prof. Celso Flores Zamora. Rúbrica.

c.c. al C. Dr. Adalberto García de Mendoza, Director del
Conservatorio Nacional de Música.-Moneda #16. Ciudad.

cc. al C/o. Prof. Manuel Barajas, Inspector de Enseñanzas
Musicales.- Independencia #31.- C i u d a d.

ASUNTO:- Se den facilidades a los alumnos pasantes del Conservatorio Nacional de Música que abajo se nombran, para que realicen sus prácticas pedagógicas en ese Establecimiento.

PODER EJECUTIVO FEDERAL MEXICO..D.F. ESTADOS UNIDOS MEXICANOS.-El Escudo Nacional.

DIRECCION GENERAL DE ASISTENCIA.
Oficina. de Acción Educativa.
Jefatura.-
Exp. 163. 2/1.

8779

SECRETARIA DE LA ASISTENCIA PUBLICA.

México, D.F., 29 de junio de 1939.

Srita. Directora de la
Casa Amiga de la Obrera # 1.
P r e s e n t e.

La Superioridad concedió a los alumnos pasantes del Conservatorio Nacional, que en seguida se expresan, franquicias para que en ese Escuela de su cargo hagan las prácticas pedagógicas, de acuerdo con las orientaciones que al efecto dará el C/o. Prof. Manuel Barajas, Inspector de Enseñanzas Musicales, dependientes de esta Oficina:

1. José Manuel López.
2. Magdalena Sotomayor.
3. Juan Rivero Góngora.

Ruego a usted se sirva tomar nota de este asunto, y dar a los alumnos citados las facilidades que necesiten para llenar debidamente su encargo.

Atentamente.
SUFRAGIO EFECTIVO. NO REELECCION.
El Jefe de la Oficina.

Prof. Celso Flores Zamora. -
Rubricado.

c.c. al C. Dr. Adalberto García de Mendoza, Director del Conservatorio N. de Música.- Moneda # 16.- C i u d a d.

c.c. al C. Prof. Manuel Barajas, Inspector de Enseñanzas Musicales.-Independencia #-31. - Ciudad. -

Cheryl

PODER EJECUTIVO
FEDERAL MEXICO. D.F.
Estados Unidos Mexicanos
y el Escudo Nacional.-

SECRETARIA DE LAS
ASISTENCIA PUBLICA.

DIRECCION GENERAL DE ASISTENCIA.
Oficina de Acción Educativa.
Jefatura.
Exp. 163. 2/1½.

7564.

ASUNTO: -Informa que la Superioridad accede a la petición de esa Dependencia en el - sentido de que loe alumnos pasantes hagan sus prácticas de enseñanza pedagógica en planteles de esta Secretaría.

México, D.F., 7 de junio de 1939.

C. Dr. Adalberto García de Mendoza,
Director del Conservatorio Nacional
de Música. P r e s e n t e .-

Me refiero a su atento oficio número 848, de fecha 21 de abril anterior, para manifestarle, en debida contestación, que la Superioridad accede a la solicitud que usted presentó en el sentido de que los alumnos pasantes de ese establecimiento hagan sus prácticas de enseñanza pedagógica en los establecimientos dependientes de esta Secretaría; en la inteligencia de que al otorgar esta franquicia la Secretaría no contrae con los citados alumnos pasantes ningún compromiso.

Aprovecho esta oportunidad para presentar a usted las seguridades de mi consideración atenta.

SUFRAGIO EFECTIVO. NO REELECCION.

EL JEFE DE LA OFICINA.

Prof. Celso Flores Zamora.- Rubricado.

CONSERVATORIO NACIONAL
DE MUSICA.

DIRECCION.
CORRESPONDENCIA.
1108.
VII-I-

Significándole las gracias por su acuerdo relacionado con las prácticas de los Pasantes del Conservatorio.

México, D.F., a 9 de junio de 1939.

Señor Prof. Celso Flores Zamora,
Jefe de la Oficina de Acción Educativa
de la Secretaría de la Asistencia
Pública. Presente.

Por la atenta nota de usted número 7564, de fecha 7 del actual, me he enterado con satisfacción de que esa Secretaría acepta que en algunas de sus Dependencias escolares, hagan sus prácticas los Pasantes de este Conservatorio; significándole que esta Dirección le dá las gracias por su expresado acuerdo y se congratula de contar con la ayuda y buenos oficios de esa Superioridad en favor del propósito que se ha iniciado para que los alumnos hagan dichas prácticas pedagógicas.

Aprovecho esta oportunidad para presentar a usted las seguridades de mi distinguida consideración.

EL DIRECTOR.

Dr. Adalberto García de Mendoza.
RUBRICADO.

SOCIEDAD DE CONCIERTOS DE MONTERREY, S.A.
COMITE ORGANIZADOR.
Calle de Escobedo Sur 462. Tel. 605.-
Monterrey.N.L.

CONSEJO DE ADMINISTRACION: Señor Lic. José Juan Vallejo.-Sr. Dr. Guillermo Montford.-Sr. Andrés Vizcaya. - Sr. Maximino Villareal.-Sr. Ing. Manuel M. Muriel.-Sr. Prof. José Andrade.-Sr. Ing. Bernardo Elozua.- Sr. Francisco A. González.

Monterrey, julio 14 de 1939.

Sr. Dr. Adalberto García de Mendoza,
Conservatorio Nacional de Música.
México, D.F.

Respetable señor Doctor:

Al regresar a esta Ciudad el señor Lic. José Juan Vallejo, Presidente del Comité Organizador de la Sociedad "CONCIERTOS MONTERREY", S.A. hizo conocer las atenciones de que fue objeto de su parte, del buen deseo que usted tiene en cooperar con este Comité para las futuras audiciones que tiene en proyecto, así como de realizar en ésta una obra cultural de significación.

Gratamente impresionado por las consideraciones dispensadas al Lic. Vallejo, nos permitimos dar a usted las más expresivas gracias por ello, le hacemos presente nuestro deseo de cooperar con usted en todo cuanto sea posible a este Comité, en la obra cultural que pretende también desarrollar en esta Ciudad, y le agradecemos la bondadosa cooperación que nos ofrece.

Aprovechamos esta oportunidad para subscribirnos como sus afmos. y attos. S.SS.

EL COMITE ORGANIZADOR.

EL SECRETARIO.

Rubricado,
Dr. Guillermo Montforto.

México, D. F., a 30 de junio de 1939.

Al C. Dr. Adalberto García de Mendoza.
Director del Plantel. - Presente.

El Consejo de Profesores y Alumnos de este Conservatorio Nacional de Música, en su pleno de hoy aprobó, por unanimidad, el siguiente acuerdo:

Hágase del conocimiento de la Dirección del Plantel, que este Consejo se solidariza en todas sus partes con la labor pedagógica y cultural que está desarrollando el C. Director, Dr. Adalberto García de Mendoza.

Lo que tenemos el honor de hacer del conocimiento de usted, protestándole nuestra atenta y distinguida consideración.

PROFESORES CONSEJEROS.
Horacio Avila.-Pedro Michaca.- Ignacio Montil y López. Manuel Barajas.- Jesús C. Romero.- Rúbricas.-

DELEGADOS FRATERNALES AL CONSEJO.
T. Campos Arce.- Joaquín Amparán.- Valentín García. Rúbricas.

ALUMNOS CONSEJEROS.
Franciso J. Santa María.- G. Vázquez.- Julio Bustamante. Ma. del Carmen Rebollo.- Carlos García.- Francisco Luna Manriquez.- Rúbricas.

BLOQUE CENTRAL DE JÓVENES REVOLUCIONARIOS DEL CONSERVATORIO NACIONAL DE MÚSICA

Oficio número 1.

ASUNTO: poner en conocimiento del C° Director la existencia del Bloque de Jóvenes Revolucionarios del Conservatorio Nacional de Música y pedir su colaboración.-

Al C. Director del
Conservatorio Nacional de
Música, Sr. Profesor
DR. ADALBERTO GARCIA DE MENDOZA.
Presente.

Nos dirigimos a usted C. Director para poner en su conocimiento que con fecha del sábado 1° de abril de 1939, se hafundado en el Conservatorio Nacional de Música el BLOQUE CENTRAL DE JOVENES REVOLUCIONARIOS del C.N.M. en defensa del alumnado y para hacer valer los derechos del mismo.

Como usted ha demostrado siempre verdadero anhelo de velar por los intereses confiados a su cuidado, creemos que nos prestará todo el apoyo necesario y a la vez colaborar con nosotros en la noble tarea de mejorar todos los sectores musicales.

Así mismo participamos a usted, que ha sido designado Jefe del Cuerpo Consultivo de este Bloque, cargo honorífico que le rogamos se sirva aceptar, ratificando una vez más suposición de revolucionario íntegro.

Adjuntamos copia del Acta de la Fundación del Bloque.

Atentamente.

México, D.F. a 4 de abril de 1939.

El Presidente.   El Secretario General.

Manuel Monterde. -   Delio Solis.

Rubricado.   Rubricado. -

CONSERVATORIO NACIONAL DE MUSICA.

DIRECCION.
Correspondencia.
730.
VII-I-

Aceptación de la designación como Jefe del Cuerpo Consultivo de ese Bloque. -

México, D.F., a 5 de abril de 1939. -

Sres. Manuel Monterde y Delio Solis, Presidente y Secretario del Bloque de Jóvenes Revolucionarios del Conservatorio Nacional de Música.

Presente.

Tengo el honor de manifestar a ustedes que con esta fecha recibí su comunicación número 1 de ayer, en que se me notifica que se ha fundado en el Conservatorio Nacional de Música con fecha 1° de abril del presente año, el Bloque Central de Jóvenes Revolucionarios del Conservatorio Nacional de Música. cuyo objeto fundamental consiste en la defensa del alumnado haciendo valer los derechos del mismo. Al mismo tiempo se pide el apoyo de esta Dirección para esta labor y se me participa haber sido designado Jefe del Cuerpo Consultivo de este Bloque, cargo honorífico que exige posición ideológica y revolucionaria perfectamente bien definida.

En primer término manifestaré a ustedes que esta Dirección se dá por enterada de que se ha establecido el Bloque aludido.

En segundo lugar, manifiesto que la Dirección a mi cargo dará en todo lugar su más amplio apoyo a Agrupaciones que como la presente persiguen fines nobles y de estricta definición revolucionaria. Desde el primer momento que me hice cargo de este puesto por un antecedente absolutamente democrático, tuve y seguiré teniendo el firme propósito de servir a la juventud estudiosa del Conservatorio y hacer valer sus derechos en todos los campos que sea necesario. Me alegra sobre manera que ustedes se agrupen con esa misma tendencia y que sintiendo la responsabilidad social que tienen, sepan luchar por la integración de la comunidad de artistas musicales, forjándose una personalidad definida, saliendo al frente de una lucha por la reivindicación de derechos perdidos y por la superación de las masas proletarias.

Al mismo tiempo pienso que su labor seguirá senderos siempre nobles, cuya confianza está garantizada por su digna conducta en el Conservatorio y jamás dejará mancharse por personalismos o tendencia de política sectaria; sino por el contrario, seguirá por el derrotero que exige una correcta interpretación del espíritu revolucionario y una firme decisión ante cualquier ataque que trate de menoscabar sus derechos y la posición que les corresponde como jóvenes revolucionarios.

Acepto con gusto la designación de Jefe del Cuerpo Consultivo de este Bloque, lo que me honra sobre manera y me distingue porque viene de una juventud estudiosa a la cual me he entregado sin reserva de ninguna especie y la que siempre me ha dado las mejores lecciones de honradéz y dignidad. -

Atentamente.

EL DIRECTOR.

Dr. Adalberto García de Mendoza. -

Rubricado. -

ADHESIONES

A LA LABOR DESARROLLADA POR EL

DR. ADALBERTO GARCÍA DE MENDOZA

COMO DIRECTOR DEL

CONSERVATORIO NACIONAL DE MÚSICA

C° DR. ADALBERTO GARCÍA DE MENDOZA,
Director del Conservatorio Nacional.
Presente.

Hemos tenido conocimiento de que han aparecido ataques por medio de la prensa de individuos que se escudan en el anónimo para la digna actuación de usted al frente del Conservatorio. Creemos de justicia patentizarle nuevamente el reconocimiento a su meritísima labor, pues ésta siempre ha estado guiada por un propósito de ennoblecimiento para nuestra querida Escuela.

La implantación de materias culturales, el señalamiento de un Plan de Trabajo artístico en forma de Conferencias, Conciertos de Orquesta, Coro, el establecimiento de relaciones con Institutos Musicales de la República y del extranjero, la nueva Reglamentación y el Plan de Estudios con innovaciones verdaderamente pedagógicas, hacen ver que su labor es de trascendencia para el arte y de enorme beneficio para los profesores y estudiantes del Conservatorio.-

Por último somos testigos de que no se ha alterado el órden y la disciplina entre los estudiantes y que usted ha dictado disposiciones tomando en cuenta nuestra dignidad y decoro.

Con los saludos más afectuoso nos repetimos sus amigos y colaboradores.

México, D.F., a 4 de marzo de 1,939. -

Manuel M. Ponce.

Horacio Avila.

Berta González Peña

Manuel Barajas.

Manuela Amor de Hill.

Sonia Verbitzky.-

María Teresa Elourdy.

Francisco Salinas

Daniel Castañeda.

María Appendini de B.

Candelario Huizar.

Consuelo Escobar de Castro

Miguel C. Meza

Ma. de las Mercedes Jaimes.

Jesús Torres.

José Rocabruna.

Cruz Garnica.

Pedro Michaca.

Manuel Rodríguez Vizcarra.

Teodoro Campos Arce.

Valentín García.

Silvestre Revueltas

Ignacio Montiel y López

Esperanza Cruz,

Luis G. Saloma.

María Bonilla.

Lamberto L. Cstañares.

Juan León Mariscal.

Nabor Vázquez.

Juan D. Tercero

Mario del Bosque.

Julio Jaramillo.

María García Genda.

Eustolia Guzmán

Luis Guzmán.

David Silva.

Manuel T. López.

Luz Meneses.

Aurelio Barrios y Morales.

Jesús Estrada.

Celestina Dambourgés.

Agustín Pacheco.

(RUBRICADOS)

Sello con el Escudo
Nacional.

DEPENDENCIA: Dirección Técnica
Militar
Sección Séptima.
Mesa: Comisión de Cultura Militar.
Número del oficio 446.
Exp. F/093.2/6.

SECRETARIA DE LA
DEFENSA NACIONAL.

ASUNTO: -Se le invita a presidir el festival que se menciona.

Moneda 4.

México, D.F., a 27 de abril de 1939.

C. Director del
Conservatorio Nacional de Música.
Calle de la Moneda.
Ciudad.

En nombre de la Secretaría de la Defensa Nacional y por encargo del C. Gral. de Brigada Director Técnico, tengo el gesto de informarle que usted, así como el personal docente y alumnos de ese Conservatorio Nacional, serán invitados de honor del Ejército en su programa de la HORA CULTURAL DEL EJERCITO Y LA MARINA que tendrá su desarrollo el viernes 28 a las 20 horas en el Anfiteatro "Bolívar", dentro de cuyo acto el C. Dr. José G. Parrés, Secretario de Agricultura y Fomento, y el C. Gral. Francisco J. Aguilar, ex-Ministro de México en el Japón, dictarán importantes pláticas. El programa artístico constituirá una velada de arte, dentro de la cual presentaremos el Cuarteto de Rigoleto, por los más prestigiados elementos del arte en México.

Esperando presida usted este acto cultural, rogándole me dé aviso de su amable aceptación para reservarle los lugares necesarios en el sitio de honor, me es grato aprovechar la oportunidad para protestarle las seguridades de mi consideración atenta y distinguida.

SUFRAGIO EFECTIVO. NO REELECCION.

P. A. del Gral, Brig. Sub-Director.

EL MAYOR DE INF. JEFE DE LA COMISION.

Luis G. Franco.
Rúbrica.-

NUEVO AUDITORIUM DEL CONSERVATORIO

NACIONAL DE MUSICA.

La necesidad de una Sala amplia especialmente dedicada a los Conciertos, Audiciones, y Conferencias del Conservatorio se imponía como una primera medida de carácter cultural. Ya de tiempo atrás siempre estuve pendiente de encontrar el momento oportuno para que una de las más bellas obras de la arquitectura colonial, como es la ex-iglesia de Santa Teresa, pudiera ser aprovechada con tal objeto. Obra del gran arquitecto Manuel Tolsa, con una de las mejores cúpulas que honran a la América, con el más severo estilo clásico y con excelentes condiciones artísticas, dicho local ofrece todas las condiciones inmejorables para llevar a efecto algunas de las principales manifestaciones del Conservatorio.

Visitas oculares fueron hechas en compañía de Profesores y alumnos. Como dicho local estaba destinado a servir de Archivo de la Secretaría de Hacienda y Crédito Público dí la comisión por oficio número 878 de fecha 28 de abril a la Sociedad de Alumnos para que gestionara el translado a la Secretaría de Educación Pública y ésta a su vez a nuestro Conservatorio. Indiqué el camino que era necesario seguir para lograr tal objeto y los jóvenes estudiantes pusieron toda su actividad en dicho trabajo, de manera que a fines del presente año se hacía el translado como lo habíamos solicitado.

Se reproducen en estos Anales los documentos respectivos, ya que ellos constituyen una conquista muy meritoria para nuestro Instituto. Falta mucho que hacer, el piso de madera, la sillería mejor confortable, ciertos retoques al decorado pictórico, instalación de luz oculta y otros pormenores. Así también se exige la colocación de un órgano de primera calidad para que los Conciertos hechos con este instrumento tengan la importancia que merecen. La instalación de una cámara cinematográfica para la enseñanza de todos los objetivos culturales del Conservatorio. Obra ésta que requiere el concurso de la Dirección, de los estudiantes y profesores y que estimo será costeada por contribución de las Secretarías de Estado, Instituciones culturales y personas amantes de la música.- Las fotografías que se insertan dan una idea clara de la magnificencia de la construcción.

CONSERVATORIO NACIONAL DE MUSICA.

DIRECCION.
CORRESPONDENCIA.
878.
VII-I.

ASUNTO:- Solicitando el Templo de Santa Teresa para Sala de Audiciones.

México, D. F., 28 de abril de 1939.

Al C. Presidente de la Sociedad de
Alumnos del Conservatorio Nacional
de Música.- Edificio.

Manifiesto a usted que esta Dirección a mi cargo tiene el propósito más firme de establecer con la Sociedad de Alumnos las relaciones más cordiales y siempre encaminadas a beneficiar a nuestra Casa de Estudios. Es por ello que quiero la colaboración del Comité Directivo, que usted dignamente dirije, para que hagamos las gestiones necesarias con el objeto de conseguir que la nave principal del Templo de Santa Teresa, pase a depender del edificio del Conservatorio, y de esa manera, arreglarla para convertirla en Salón de Audiciones del propio Conservatorio.

Actualmente tiene el edificio a su disposición la Secretaría de Hacienda y Crédito Público y sirve como Archivero, deteriorándose lentamente sus hermosos decorados e inutilizándose como salón de desperdicio. Se podría gestionar con la citada Secretaría que los archiveros que están en esa nave principal pasaran a las otras naves, agrupándolos con los que existen actualmente y cancelando las comunicaciones respectivas. En la misma forma abrir puerta por el segundo patio de nuestro Plantel para dar comunicación directa con el templo.

Para mayores detalles suplico a usted tenga la amabilidad de comunicarse con esta Dirección e iniciar las labores lo más pronto posible.

Atentamente.

EL DIRECTOR.

Dr. Adalberto García de Mendoza.
(Rúbrica).

TRASLADO DEL EX-TEMPLO DE SANTA TERESA DE LA SECRETARIA DE HACIENDA A LA SECRETARIA DE EDUCACION PUBLICA.

/ / / / / / / / / / / /

Al margen un sello que dice: Poder Ejecutivo Federal. México, D. F.- Secretaría de Hacienda y Crédito Público.- En la Ciudad de México, Distrito Federal, siendo las trece horas del día catorce de noviembre de mil novecientos treinta y nueve, constituidos en el ex-Templo de Santa Teresa ubicado en la calle del Licenciado Verdad, los CC. Rodrigo Arriaga Narváez, Inspector de la Dirección General de Bienes Nacionales de la Secretaría de Hacienda y Crédito Público, y Alfonso Pérez Lorza, Controlador de la Oficina Técnica de Edificios de la Secretaría de Educación Pública, con el objeto de dejar cumplimentado lo ordenado en el oficio número 302-II-14593, Expediente 221 (725.1)/23791, de fecha diez de octubre próximo pasado, girado por la Sección Administrativa de la citada Dirección de Bienes Nacionales y en el número 100623, Espediente I/181. 11/85, de fecha treinta del citado mes de octubre, girado por el Departamento Administrativo de la Secretaría de Educación Pública, en los que se ordena se ponga a disposición de la citada Secretaría de Educación Pública, una parte del ex-templo en donde tiene lugar la presente diligencia, y consistente en una nave situada al oriente del mismo, con el objeto de ser destinada a salón de actos, conferencias y recitales dependiente del Conservatorio Nacional de Música.-

Recorrida que fué la parte del ex-Templo mencionada, y estando presentes en el mismo acto los señores Doctor Adalberto García de Mendoza, Director del Conservatorio Nacional de Música y Francisco J. Santamaría, Presidente de la Sociedad de Alumnos del citado Conservatorio; el Inspector de la Dirección de Bienes Nacionales mencionado, hace entrega al representante de la Secretaría de Educación Pública, el cual recibe a su entera satisfacción la nave de que se trata; haciéndose constar que todos los gastos que origine, tanto para independizar el local que se destina, del que ocupará el archivo de la Secretaría de Hacienda y Crédito Público, como para trasladar y fijar los anaqueles y archivo y el acondicionamiento del local para el uso a que pretende destinarse, serán por cuenta de la Secretaría de Educación Pública, a satisfacción de la expresada Dirección General de Bienes Nacionales.- No habiendo otra cosa que hacer constar, se dá por terminada la presente diligencia, levantándose esta acta para constancia, que firman de conformidad los que intervinieron.- ENTREGUE. Por la Direc. Gral. de Bnes. Nacles. Rodrigo Arriaga Narváez. Rúbrica.- RECIBI. Por la Secretaría de Educación Pública. Alfonso Pérez Lorza. Rúbrica.- Dr. Adalberto García de Mendoza. Rúbrica.- Frco. J. Santamaría.- Rúbrica.

Es copia fiel.

ENTREGA DEL EX-TEMPLO DE SANTA TERESA POR LA SECRETARIA DE EDUCACION PUBLICA AL CONSERVATORIO NACIONAL DE MUSICA.

En la Ciudad de México, Distrito Federal, siendo las once horas del día quince de noviembre de mil novecientos treinta y nueve, constituidos en el ex-Templo de Santa Teresa, ubicado en la calle del Licenciado Verdad, los CC. Alfonso Pérez Lorza, Controlador de la Oficina Técnica de Edificios de la Secretaría de Educación Pública, Dr. Adalberto García de Mendoza, Director del Conservatorio Nacional de Música y Francisco J. Santamaría, Presidente de la Sociedad de Alumnos del citado Conservatorio, con el objeto de dar cumplimiento con lo ordenado en oficio número 100623, Expediente I/181.11/-35 de fecha treinta de octubre del corriente año, de la Secretaría de Educación Pública, que dispone se haga entrega de una parte del ex-Templo mencionado, en donde tiene lugar la presente diligencia, para dedicarlo a Salón de Actos, Conferencias y Audiciones del tantas veces mencionado Conservatorio Nacional de Música, Se recorrió la parte del templo citado que dá al oriente del predio y el C. Alfonso Pérez Lorza, Representante de la Secretaría de Educación Pública, hace entrega de la parte del Templo en cuestión al Director del Conservatorio y al Presidente de la Sociedad de Alumnos de este Plantel, quienes lo reciben a su entera satisfacción firmando de conformidad y para constancia la presente acta, dándose por terminada la presente diligencia.- ENTREGUE. Por la Sría. de Educ. Púb. Alfonso Pérez Lorza. Rúbrica.- RECIBI. El Director del Conservatorio Nacional de Música. Dr. Adalberto García de Mendoza. Rúbrica.- RECIBI. El Presidente de la Sociedad de Alumnos del Conserv. Francisco J. Santamaría. Rúbrica.-

Es copia fiel.

CONSERVATORIO NACIONAL DE MUSICA.

DIRECCION.
CORRESPONDENCIA.
2038.
VII-I.

ASUNTO:- Se felicita por haber llevado a feliz término la comisión encargada por esta Dirección.

México, D. F., noviembre 16 de 1939.

Al C. Presidente de la
Sociedad de Alumnos del
Conservatorio Nacional de Música.
Presente.

Me honra dar a usted y a los miembros del Comité Directivo de esa H. Sociedad de Alumnos del Conservatorio Nacional de Música las más expresivas gracias por haber llevado a feliz término la comisión que les confiriera en oficio número 878, expediente VII-I. de fecha 28 de abril del presente año, consistente en hacer las gestiones necesarias para que la nave principal del Templo de Santa Teresa pasara a depender del Edificio del Conservatorio y de esa manera arreglarla para Salón de Audiciones de nuestra propia Escuela.

Con fecha de ayer se ha dado posesión al Conservatorio de dicho local y con ello se ha testimoniado la buena actividad y el eficiente empeño que esa Sociedad, bajo su digna dirección, ha llevado a efecto durante el presente año escolar.

Próximamente haremos las gestiones necesarias para que todas las Secretarías de Estado e Instituciones de cultura nos den su apoyo pecuniario con el objeto de dotar de la sillería necesaria para el local, de un órgano y de un aparato cinematográfico para el mismo, así como para completar la decoración pictórica y escultórica e iluminación que dicho salón de Actos tendrá que contener. Sugiérole la idea de que se denomine a dicho local "Auditorium del Conservatorio Nacional de Música".

Con mis deseos más fervientes por su prosperidad y la de todos los componentes de esa respetable Sociedad, y también con la esperanza de que su ejemplo sea seguido por todos los estudiantes dignos de nuestra Escuela, me repito su atento amigo.

EL DIRECTOR.

Dr. Adalberto García de Mendoza.
(Rúbrica.)

CONSERVATORIOS DE MÚSICA

EN EL EXTRANJERO

CONSERVATORIOS DE MÚSICA
EN EL
EXTRANJERO

École Nationale de Musique
Chambéry
Rue macornet, 2
Bureau du directeur

Chambéry le 25 Avril 1939

Monsieur André THIRIET, Directeur du Conservatoire national de Musique de

CHAMBERY

à Monsieur le Docteur Adalberto GARCIA de MENDOZA, Directeur du Conservatoire de MEXICO.

Monsieur le Directeur,

Je m'excuse d'avoir tant tardé de répondre à votre lettre du 9 Mars dernier.

Voici quelques renseignements sur les matières et les instruments qui sont enseignés au Conservatoire national de CHAMBERY:

SOLFEGE (3 degrés, élémentaire, intermédiaire supérieur): théorie, dictée musicale, lecture à vue, transposition etc...

HARMONIE (histoire de la Musique, cours publics par conférences illustrées)

PIANO (3 degrés, élémentaire intermediante supérieur).

VIOLON (3 degrés, élémentaire supérieur)

VIOLONCEL & CONTREBASSE: idem.

FLUTE-HAUBOIS-CLARINETTE-BASSON-

TROMPETTE- TROMBONNE-CORNET-COR-

CHANT (mixte)

ENSEMBLE VOCAL

CLASSES D'ORCHESTRE, ACCOMPAGNEMENT PIANO, MUSIQUE DE CHAMBRE.

L'enseignement est gratuit avec une très légère rétribution scolaire, examens trimestriels et concours en fin d'année. (nombre d'élèves, année 1938 et 1939: 300).

Je suis naturellement à votre entière disposition pour tous renseignements complémentaires que vous désireriez.

Veuillez agréer, Monsieur le Directeur et cher Confrère l'assurance de ma haute considération.

N. 133   México, D.F. 20 de Enero de 1939.
R.Legazione d'Italia

Señor Director:

En contestación a su atenta carta de fecha 15 del actual, me es grato informarle que con esta fecha he sañalado a las competentes autoridades del Reino, el deseo expresado por Usted.

Tan pronto me sea posible le enviaré las más amplias informaciones sobre los Conservatorios y Escuelas de Música esistentes en Italia con los quales ese H. Conservatorio Nacional podrá ponerse en directo contacto.

Aprovecho la oportunidad para ofrecerle, Señor Director, las seguridades de mi distinguida consideración.

El Real Ministro de Italia

N. 1029   México, D.F. 13 de Mayo de 1939.
Legazione d'Italia

Señor Director:

Con referencia a la atenta carta de Usted de fecha 15 de Enero pp. y a mi nota n.133 del día 20 del mismo mes, me es grato enviarle, por encargo de las Autoridades competentes del Reino, una lista de los Institutos musicales italianos y un Boletín de las Normas y Programas de la instrucción musical.

Confío que la lista y el Boletín de que se trata correspondan plenamente al deseo manifestado por Usted en la carta arriba mencionada.

Con distinguida consideración.

El Real Ministro de Italia

Muy distinguido Señor
Dr. Adalberto García de Mendoza
Director del Conservatorio Nacional

México, D.F.

V. O. 11   No. 99.
EMBAJADA DE
GUATEMALA
EN MEXICO

México, D.F. febrero 11 de 1939.

Señor Doctor
Adalberto García de Mendoza,
Director del Conservatorio Nacional.
México, D.F.

Señor Director:

Con relación a la atenta nota de usted de fecha 10 de enero próximo pasado, tengo el gusto de trasncribir a usted la que he recibido de la Secretaría de Relaciones Exteriores de mi país. Dice así:

"Señor Embajador: Refiriéndome a su nota número 49/R.15, fecha 16 de enero último y con destino al Señor Director del Conservatorio Nacional de México, tengo el gusto de trascribir a Ud. la nota que he recibido de la Secretaría de Educación Pública:

"Señor Secretario: En contestación de su apreciable oficio No. 868, de fecha 21 de los corrientes, en el cual se sirve comunicarme los deseos del Señor Director del Conservatorio Nacional de Música de la ciudad de México, me permito informarle: que en la <u>República funciona un Conservatorio Nacional de Música y Declamación</u>, situado en la 5a. Calle Poniente y 3a. Avenida Norte # 22 de la capital. El Director de dicho establecimiento es el señor <u>Heinrich Joachim</u>, y a él concurren alumnos becados por el Gobierno, y alumnos externos pensionistas cuya inscripción para el ciclo escolar 1938-1939, que está por finalizar, ascendió a la suma de ciento noventa y cuatro. En dicho centro cultural se sigue el siguiente plan de estudios:

Teoría y Solfeo

Curso Elemental, un año de estudios, clase diaria;
Curso Complementario, un año de estudios, clase diaria;
Curso Superior, un año de estudios, clase diaria.

Composición.

Curso Preparatorio, un año de estudio, clase diaria;
Curso Secundario, dos años de estudio, clase alterna;
Curso Superior, tres años de estudio, clase alterna;

Canto.

Curso elemental, dos años de estudio, clase diaria;
Curso Complementario, dos años de estudio, clase alterna;
Curso Superior, dos años de estudio, clase alterna.

Piano

Curso Elemental, dos años de estudio, dos veces a la semana;
Curso Complementario, dos años de estudio, clase id.
Curso Superior, cuatro años de estudio, clase id.

VIOLIN.

Curso elemental, dos años de estudio, clase alterna;
Curso Complementario, tres años de estudio, dos veces a la semana;
Curso superior, tres años de estudio, dos veces a la semana.

Violoncello

Curso elemental, dos años de estudio, clase alterna;
Curso complementario, tres años de estudio, dos veces a la semana.
Curso superior, tres años de estudio, dos veces a la semana.

Contrabajo.

Curso elemental, dos años de estudio, clase alterna;
Curso complementario, dos años de estudio, clase alterna.
Curso superior, un año de estudio, clase alterna.

Instrumentos de Madera.

(Incluyendo flauta, oboe, clarinete, fagote y saxófono. Flauta, oboe, clarinete y fagote: 5 años de estudio. Saxófono: 3 años de estudio)

Curso inicial, un año de estudio, clase alterna
Curso elemental, un año de estudio, clase alterna
Curso complementario, dos años de estudio, clase alterna
Curso superior, dos años de estudio, clase alterna.

Instrumentos de Metal.

(Incluyendo trompetas, corno, trombón. Trompetas y corno, cinco años de estudio. Trombón: tres años).

Curso elemental, dos años de estudio, clase alterna;
Curso complementario, un año de estudio, clase alterna;
Curso superior, dos años de estudio, clase alterna.

Arpa.

Curso elemental, dos años de estudio, clase alterna;
Curso complementario, un año de estudio, clase alterna;
Curso superior, dos años de estudio, clase alterna.

Declamación.

Curso preparatorio, un año de estudio, clase alterna;
Curso medio, un año de estudio, clase alterna.
Curso superior, un año de estudio, clase alterna.

Aprovecho esta oportunidad para renovar, etc.
(f) Carlos Salazar,"

Me es grato ofrecer a usted señor

The Department of
Trade and commerce
Canada
File 702

17 de Enero de 1939.

Señor Doctor Don Adalberto García de Mendoza,
Director del Conservatorio Nacional,
Moneda, 16,
México, D.F.

CONSERVATORIOS DE MUSICA

Muy estimado señor mío:

En contestación a la muy amable carta de U. de fecha 10 de los corrientes con relación a los Conservatorios de Música existentes en el Canadá, me es muy grato darle a continuación las siguientes direcciones:

Faculty of Music,
McGill University,
Montreal, Que., Canada.

Faculty of Music,
University of Toronto,
Toronto, Ont., Canada.

Conservatoire Nationalde Musique,
University of Montreal,
Montreal, Que., Canada.

Faculty of Music,
Mount Allison University,
Sackville, New Brunswick, Canada.

Conservatory of Music,
University of Ottawa,
Ottawa, Ont., Canada.

School of Music,
University of Saskatchewan,
Saskatoon, Sask., Canada.

En caso de necesitar mayores datos sobre el particular, me permito suplicarle se dirija al Señor Don Hermolao E. Torres, Cónsul General de México, 1410, Stanley St., Montreal, Que., Canada, quien sin duda los tendrá más a la mano.

Con las seguridades de mi más distinguida consideración, soy de U. muy

Afmo. atto. y. S.S.

(R.T. Young,)
Delegado Comercial del Gobierno del Canadá.

GEZANTSCHAP
DER
NEDERLANDEN

160

20 de Enero de 1939.

Señor Director del Conservatorio Nacional,
México D.F.

Muy estimado Señor:

En contestación a su atenta carta del 10 de los corrientes me es grato darle a continuación algunos datos sobre la organización de los conservatorios de Holanda.

Una comisión nombrada por el Gobierno tiene a su cargo dar consejos a este último acerca de los métodos que deben adoptarse para fomentar el estudio de la música en todo el país. Además existe en la <u>Haya el Conservatorio Real</u>, el cual depende directamente del Ministerio de Educación, Culto y Bellas Artes. En este Conservatorio se admiten alumnos particularmente dotados, cuyos estudios son enteramente pagados por el Gobierno.

En la capital del país, Amsterdam, existe la "Sociedad para el Fomento de la Música", una institución privada que comprende 40 subdivisiones repartidas por todo el país. Esta Sociedad que cuenta con un gran número de socios y contribuyentes ha fundado el Conservatorio de Amsterdam. Ella apoya el estudio de la música y de la historia de la música en las universidades, organiza exámenes y conciertos, da premios y ayuda con subvenciones a orquestas y músicos individuales. La Sociedad ha establecido un fondo de que se pagan pensiones a músicos retirados y a viudas y húerfanos de músicos.

Una tercera institución de importancia en este ramo es la "<u>Sociedad para el Estudio de de la Historia Músical</u>", bajo el patrocinio de Su Majestad la Reina y subvencionada por el Estado.

Además existen en las principales ciudades Conservatorios Municipales o privados y subvencionados por la municipalidad o por la "<u>Sociedad para el Fomento de la Música</u>".

Esta Legación no tiene inconveniente en dirigirse a las mencionadas instituciones solicitando planes de trabajo y programas, pero estos estarán sin duda redactados en idioma holandés y presentarán la dificultad de ser incomprehensibles para Vd. Además creo que se obtiene un resultado mejor y más rápido, asi el Encargado de Negocios de México en La Hay a trata de conseguir traducciones en francés o inglés de los programas, pudiendo dicho funcionario ocuparse allá mismo del asunto.

Soy de Vd.,
Muy atentamente,
Encargado de Negocios de Holanda.

LEGACION DE EL SALVADOR
EN MEXICO

México, D.F. Febrero 8 de 1939.

Sr. Dr. Adalberto García de Mendoza,
Director del Conservatorio Nacional
de Música,

Ciudad.

Señor Director:

Por haber estado ausente de esta Capital, no me había sido posible contestar su atenta del 10 de Enero próximo anterior, relativa a adquirir datos sobre los Conservatorios, Facultades y Escuelas de Música existentes en mi país; y a la vez conseguir los planes de trabajo de los mismos.

Accediendo gustoso a los deseos manifestados por Ud. me permito informarle que en El Salvador funciona la "Escuela Nacional de Música" "Rafael Olmedo" y dos escuelas particulares bajo la dirección de los artistas Natalia Ramos y Humberto Pacas.

Los señores Domingo Santos, Pedro Guillén, Raúl Santamaría y Señorita Angela Peña, todos ellos residentes en la ciudad de San Salvador, y maestro Jesús Alas en la ciudad de Sonsonate y Salvador Muñoz Ciudad Real en la ciudad de Santa Ana, son elementos artísticos destacados en nuestro país.

Reitero a Ud. mi aprecio y consideración, y me suscribo su afectísimo amigo y seguro servidor,

EMBAJADA DE CUBA
MEXICO D. F.
Número 46

Enero 23 de 1939.

Sr. Dr. Adalberto García de Mendoza,
Director del Conservatorio Nacional de Música,
Ciudad,

Señor Director:-

Me es grato informar a usted que, con fecha 16 de los corrientes, me dirigí a la Secretaría de Estado de Cuba, en solicitud de los datos que usted interesa en su atenta carta del día 10 del actual, relativos a las Facultades, Conservatorios y Escuelas de Música existentes en mi país.

Aprovecho esta oportunidad para ofrecer a usted el testimonio de mi más distinguida consideración,

Embajador.

CONSULADO DE FINLANDIA
MEXICO D.F.

México, 8 de Marzo de 1939.

Señor Dr. Adalberto García de Mendoza,
Director del Conservatorio Nacional,
México, D.F.

Estimado Señor:-

En atenta contestación a su nota fechada el 10 de Enero en la cual se sirve pedirme informes sobre los adelantos y organizaciones de los Conservatorios en Finlandia, le suplico a Ud. atentamente se sirva dirigirse al Ministerio respectivo en Finlandia, cuya dirección es como sigue: Opetusministeriö. Helsinki. Finland., donde según costumbre darán informes sobre estos asuntos.

De Ud. muy atento y seguro serv.

Oscar E. Festersen.
Cónsul de Finlandia.

México, D.F., 14 de febrero de 1939.

Señor Dr. Adalberto García de Mendoza,
Director del Conservatorio Nacional.
<u>México, D.F.</u>

Señor Director,

Obsequiando los deseos de su grata carta del 10 del pasado enero, a continuación tengo el gusto de anotarle las direcciones que solicita:

* Ministerio da Educação,

                    Rio de Janeiro.

* Conservatorio Brasileiro de Musica,
  Avenida Rio Branco no 143.

                    Rio de Janeiro.

* Escola Nacional de Musica.
  Rua do Passeio 98.

                    Rio de Janeiro.

* Instituto Musical de São Paulo.
  Rua Silveira Martins 65.

                    São Paulo.

Aprovecho la oportunidad para presentar a usted las seguridades de mi más distinguida consideración.

Embajador del Brasil.

EMBAJADA DE CHILE
MEXICO
No. 39/25.

México, D.F., 17 de Enero de 1939.

Sr. Dr. Adalberto Garcia de Mendoza,
Director del Conservatorio Nacional
de Música
México, D.F.

Muy señor mío:

En respuesta a la atenta carta de Ud. fechada el 10 del presente, tengo el agrado de manifestarle que me he dirigido inmediatamente a mi gobierno dando cuenta de la comunicación de Ud., a la que seguramente se prestará la atención que merece.

En mi país también hay grandes deseos de establecer relaciones cordiales con los establecimientos de educación de México y sé que será muy grato al <u>Conservatorio Nacional de Música de Chile</u> ponerse en contacto con los profesores y alumnos del que Ud. tan dignamente dirige.

Saluda a Ud. muy atentamente,

México, 17 de Enero de 1939.

Sr. Dr. D. Adalberto García de Mendoza.
Director del Conservatorio Nacional.
Ciudad.

Muy señor mío:

No teniendo en esta Embajada la información que usted interesa en su atenta carta del 10 del actual sobre la organización actual de los Conservatorios de Música en España, doy traslado de la misma al Exemo. Sr. Ministro de Estado para que con la mayor rapidez posible se nos envíe la información que solicita.

En paquete aparte tengo el gusto de enviarle ejemplares de canciones e himnos de la España republicana, asi como otras publicaciones relacionadas con la guerra de independencia nacional, que espero sean bien acogidas en el Conservatorio de su digna y competente dirección, y distribuidas entre las personas que se interesan por los problemas del heroico pueblo español.

Con este motivo se ofrece de usted afmo. y atto. S.S.

El Encargado de Negocios a.i.
José Loredo Aparicio.

LEGACION DE POLONIA
MEXICO
332/39

MEXICO, D. F., dia 15 de marzo de 1939.
C. Londres 213.

Señor
Don Adalberto García de Mendoza,
Director del Conservatorio Nacional de Música,
Ciudad.

Muy distinguido señor Director:

   Con referencia a la atenta de usted fechada el día 10 de enero próximo pasado, esta Legación tiene el honor de remitirle adjunta una lista que contiene los principales Conservatorios y Escuelas de Música de la República de Polonia,- con sus respectivas direcciones.

   La Legación aprovecha la oportunidad para reiterar a usted, distinguido señor, su muy alta y atenta consideración.

Un anexo.

LISTA DE LOS CONSERVATORIOS Y ESCUELAS DE MUSICA EN POLONIA.

1	Instytut Muzyczny, Pl. Smolki 4.	Bielsko	(Polonia)
2	Konserwatorium, Gdańska 54.	Bydgszcz	
3	Szkoła Muzyczna, Sniadeckich 29.	”	”
4	Miejskie Konserwatorium Muz. Piotra Skargi 14.	Białistok	”
5	Szkoła Muzyczna, Sienkiewiczna 14.	”	”
6	Szkoła Muzyczna, Rynek Kościuszki 9.	”	”
7	Polskie Konserwatorium Muzyczna. Am. Olivaer Tor 2-4	Danzig	(C. Libre)
8	Szkoła Muzyczna, Aleja II 38. Pryw.	Częstochowa,	(Polonia)
9	Szkoła Muzyczna, Dąbrowskiego 12.	”	”
10	Szkoła Muzyczna, Pilsudskiego 19.	”	”
11	Szkoła Muzyczna, Św.-Jańska 61.	Gdynia	”
12	Instytut Muzyczny im. Moniuszki, Pilsudskiego 1.	Grudziądz	”
13	Śląskie Konserwatorium Muzyczne, Wojewódzka 45.	Katowice	”
14	Instytut Muzycznym Teatralna 7.	”	”
15	Szkoła Muzyczna, Szpena 16.	”	”
16	Szkoła Muzyczna, Wesoła 27.	Kielce	”
17	Szkoła Muzyczna im. Sr. Moniuszki, Sienkiewicza 73.	”	”
18	Szkoła Muzyczna imp. St. Moniuszki, Mikołajska 32.	Kraków	”
19	Instytut Muzycyzny, Św. Anny 2.	”	”
20	Konserwatorium T-wa Muzycznego, Pl. Szczpański 1.	”	”
21	Instytut Muzycnzni im. Moniuszki, Kapucyńska 7.	Lublin	”
22	Szkoła Muzyczna im. Fr. Chopina, Narutowiczna 27.	”	”
23	Instytut Muzyczny, Senatorska 8.	Lwów	”
24	Wyższy Instytut Muzyczny im. M. Łysenki.	”	”
25	Wyższy Instytut Muzyczny im. Łysenki, Szaszkiewicza 5	Lwów	(Polonia)
26	Lwowskie Konserwatorium Muzyczne im. K. Szymanowskiego Kopernika 9.	”	”
27	Szkoła Muzyczna, Sykstuska 56.	”	”
28	Szkoła Muzyczna, Łukasinskiego 4.	”	”
29	Konserwatorium Muzyczne, Chorążczyzny 7.	”	”
30	Szkoła Muzyczna, Mołkowskiego 11.	”	”
31	Zakład Muzyczny Pryw.; 11-go Listopada 70.	”	”
32	Szkoła Muzyczna, Grodecka 72.	”	”
33	Szkoła Organistowa, Tumska 2.	Płock,	”
34	Szkoła Muzyczna im. Karłowiczna, Chełmońskiego 21.	Poznań	”
35	Konserwatorium Muzyczne, Pl. Świętokrzyski Państw.	”	”
36	Wielkopolska Szkoła Muzyczna, Ratajczka 36.	”	”
37	Szkoła Muzyczna, 27-go Grudnia 19.	”	”
38	Salezjańska Szkoła Organistów, Św. Jana 15.	Przemyśl	”
39	Filia Inst. im. Łysenki we Lwowie, Rynek 23.	”	”

40	Szkoła Muzyczna im. Beethovena, Franciszkańska 15.	"	"
41	Szkoła Muzyczna, Moniuszki 7.	"	"
42	Szkoła Muzyczna, Krasińskiego 29,	"	"
43	Instytut Muzyczny, Grodzka 17.	"	"
44	Szkoła Muzyczna, Matejki 5.	"	"
45	Konserwatorium, Bielowskiego 2,	Stanislawów	(Pol)
46	Szkoła Muzyczna, Gocławska 15,	"	"
47	Konserwatorium Pomorskiego T-wa Muzycznego, Rynek Staromiejski 28.	Torun	(Polonia)
48	Prywatna Pomorska Szkoła Muzyczna, Katarzny 4.	"	"
49	Warszawski Instytut Muzyczny, Leszno 14.	Warszawa	(Polonia)
50	Niższa Szkoła Muzyczna, Mazowiecka 11.	"	"
51	Instytut Muzyczny, Jerozolimskie 37.	"	"
52	"Kolegium Muzyczne", Wilcza 4.	"	"
53	Instytut Gry Fortepianowej, Śniadeckich 18.	"	"
54	Wszechnica Muzyczna, Marszałkowska 63.	"	"
55	Państw. Konserwatorium Muzyczne, Okólnik 1.	"	"
56	Studium Muzyczne, Kanonia 8.	"	"
57	Konserwatorium Muzyczne im. M. Karlowicza, Wielka 8.	Wilno,	"
58	Szkoła Organistów, Mickiewicza 6.	"	"

JDM/s.
(17/550)

CONSULADO GENERAL BRITANICO,

MEXICO, D.F.

Enero 20 de 1939.

Señor Director del
Conservatorio Nacional de Música y
Declamación,
Calle de la Moneda No. 16,
México, D.F.

Muy señor mio:-

Tengo el gusto de acusar recibo de su muy atenta carta de fecha 15 de Enero de 1939 en la cual pide Ud. datos sobre el número, dirección y distribución de Conservatorios de Música, Facultades y Escuelas de Música existentes en la Gran Bretaña, y me complazco en adjuntar una lista de esas instituciones.

Atentamente me permito sugerirle se dirija Ud. directamente a las instituciones mencionadas en la lista adjunta con el fin de obtener sus programas de estudio, etc.

Así mismo podría convenirle a Ud. escribir al British Council, 3 Hanover Street, London, W.1, Inglaterra, una organización cuyo objeto es fomentar las relaciones culturales entre la Gran Bretaña y otros países, la cual tal vez se interesara en recibir informes acerca del nuevo Programa del Conservatorio Nacional de Música para establecer relaciones con alumnos y profesores en el extranjero.

Aprovecho esta oportunidad para ofrecerme como su muy afmo. atto. y s.s.

Cónsul General de S.M. Británica.

México, D.F., enero 19 de 1939.

LEGATION DE SUEDE

Señor Director:

Refiriéndome a su muy atento oficio con fecha enero 10 de 1939 tengo el honor de poner en conocimiento de Usted que el único conservatorio de carácter oficial en Suecia es la Real Academía de Música en Estocolmo, que fué establecida en el año de 1771 por el Rey Gustavo III. En vista del hecho lamentable que no hay aprovechable aqui ningun informe pormenorizado sobre las actividades, planes de trabajo etc. de la mencionada institución siendo esto un asunto de índole muy especializado no ha sido incluido en los manuales o libros oficiales de que dispone ésta legación - me permito sugerir la conveniencia de que Usted se dirija a la Legación de México en Estocolmo con el fin de conseguir todas las informaciones deseadas de la Academía misma.

Aprovecho esta oportunidad para expresar a Usted las seguridades de mi distinguida consideración.

Ministro de Suecia.

Señor Dr. Adalberto García de Mendoza,
Director del Conservatorio Nacional,
México, D.F.

CONSULAT GENERAL DE SUISSE
MEXICO

MEXICO, 18 de abril de 1939.

VIII.A.1.a.39/41

Señor Dr. A. Garcia de Mendoza
Director
del Conservatorio Nacional

México, D.F.

Señor Director,

Refiriéndome a mi comunicación del 3 de los corrientes, me permito remitir a usted separadamente como "impresos certificados" la documentación completa respecto a los conservatorios y escuelas de música en Suiza, sus planes de trabajo y programas de estudios.

Aprovecho esta oportunidad para ofrecerle, Señor Director, las seguridades de mi distinguida consideración.

El Cónsul General de Suiza:

CONSULAT GENERAL DE SUISSE
MEXICO

MEXICO, 9 de febrero de 1939.

VIII.A.1.-39/41

Señor Dr. A. Garcia de Mendoza,
Director del Conservatorio Nacional
México, D.F.

Señor Director,

Refiriéndome a su atenta carta de fecha 10 de enero, en la que se sirve rogarme indicar a Ud. los adelantos y la organización de mi país de los conservatorios, sus planes de trabajo y programas de estudios, tengo el honor de poner en su alto conocimiento que no he faltado escribir a las autoridades suizas para obtener cuanto antes la documentación correspondiente. Tan pronto como sea posible transmitiré a Ud. lo que recibiré de Suiza.

Ofrezcole, Señor Director, las seguridades de mi alta consideración.

El Cónsul General de Suiza.

Legatiunea Regala a Romaniel
Mexico

27 de Enero de 1939

Muy estimado Señor mío,

Refiriéndome a su atenta carta de fecha 10 del corriente, tengo la honra de poner en su conocimiento que esta Legación se ha dirigido ya a la autoridad competente rumana para obtener la información que Usted solicita.

En su oportunidad tendré mucho agrado en darle a conocer los datos que me sean proporcionados.

Ofrezco a Usted el testimonio de mi consideración mas distinguida.

Señor Dr. Adalberto García de Mendoza
    Director del Conservatorio Nacional
        Ciudad.

LEGACION DE LA REPUBLICA
CHECOSLOVACA EN MEXICO

No. 111/39. México, D. F.,
17 de enero de 1939.

Sr. Dr. Adalberto García de Mendoza,
Director del Conservatorio Nacional.
Ciudad.

Distinguido Señor Director:

Refiriéndome a su muy atenta del 10 de enero del año en curso, tengo el honor de comunicarle que ya me he dirigido al Ministerio de Educación Pública en Praga a fin de obtener los informes que Usted desea.

Al mismo tiempo me permito recomendar a Usted se sirva dirigirse a la Legación de los Estados Unidos Mexicanos en Praga para que también dicha Legación intervenga en el asunto de referencia.

Aprovecho la oportunidad para reiterar a Usted, señor Director, las seguridades de mi distinguida consideración.

Dr. Antonin Polacek
Primer Secretario de la Legación.

LEGATION
De la
REPUBLIQUE FRANCAISE
AU MEXIQUE

México, D.F., Febrero 17 de 1939.

Señor Director,

Tengo la honra de acusar recibo de su atenta carta del 10 de Enero ppdo., en la que se sirvió usted solicitar de esta Legación informes acerca del número, dirección y distribución de los Conservatorios de Música, Facultades y Escuelas de Música existentes en Francia.
- 1 Incl. -

En debida respuesta, me es grato adjuntar a la presente una nota conteniendo todos los datos que sobre el particular, han podido recabar las dependencias de esta Legación. Para informes complementarios, podrá usted dirigirse directamente al Director del Conservatorio Nacional de Paris (14, rue de Madrid, Paris) que, sin duda, tendrá mucho gusto en ponerse a la entera disposición de usted.

Aprovecho esta oportunidad para hacer a usted presentes, señor Director, las seguridades de mi consideración muy distinguida./.

EL MINISTRO DE FRANCIA:

Señor Dr. Adalberto García de Mendoza,
Director del Conservatorio Nacional.
México, D.F.

México, D. F., 10 de
febrero de 1939.

Muy distinguido señor Director:

Sólo ahora, después de haber regresado a México de mi viaje, he encontrado la atenta carta de usted del 10 de enero último, relativa a la organización de los Conservatorios de Música en Polonia.

Con sumo placer voy a dirigirme inmediatamente a las autoridades competentes de mi país para obtener los datos en cuestión y, tan pronto como éstos lleguen, tendré el honor de ponerlos en sus manos, de acuerdo con lo que se ha servido solicitar.

La ruego, señor Director, aceptar las seguridades de mi alta y distinguida consideración.

Señor Doctor
    Don Adalberto García de Mendoza,
        Director del Conservatorio
            Nacional de Música,
                Ciudad.
                    -.-.-.-.-.-

EMBAJADA DEL PERU
Nº. 5-19-P/3.-

México D. F. 18 de enero de 1939.

Señor don
Adalberto García de Mendoza,
Director del Conservatorio Nacional.
México D. F.

Muy señor mío:

Tengo el agrado de referirme a la atenta suya de fecha 10 de los corrientes, en la que se sirve solicitarme una información acerca del número, dirección y distribución de los Conservatorios de Música existentes en el Perú.

En respuesta, cumplo con informarle que las actividades de ellos se encuentran centralizadas en un organísmo situado en la ciudad de Lima, al cual puede Ud. dirigirse en demanda de los datos técnicos que interesan al Conservatorio dignamente regido por Ud. Dicha entidad se denomina Conservatorio Nacional de Música, y basta su enunciación, indicándo su ubicación en Lima, Perú, para que su comunicación llegue a su destino.

Anticipándome a la información completa que dicho Conservatorio dará, sin duda alguna, a Ud. puedo informarle que en Lima existen, además de dicho organísmo central, la Academia de Música Alcedo, el Conservatorio Bach, la Academia Sas-Rosay y la Padrosa-Cabral, el grupo musical Fides y el conservatorio Antonoff. Son éstos los principales centros musicales de la capital del Perú. En cuanto a los situados en ciudades de menor importancia, no estoy actualmente en condiciones de darle la información que Ud. necesita por lo que me permito indicarle dirigirse al Conservatorio Nacional, en el cual encontrará Ud. en la forma más rápida y completa, la información solicitada por Ud.

Sin otro particular, y con las demostraciones de mi amistad, quedo su S. S.

Alfredo Correa Elías.
Encargado de Negocios del
Perú en México.-

LEGATION
De la
REPUBLIQUE FRANCAISE
AU MEXIQUE

México, D.F., Marzo 13 de 1939.

Señor Director,

Tengo la honra de poner en conocimiento de usted que, bajo el augusto patrocinio de S.A.R. la Gran Duquesa de Luxemburgo, bajo los auspicios del Gobierno del Gran Ducado y de acuerdo con la Sociedad de "Amigos de Gabriel Fauré" (Fundación Henry de Jouvenel), tendrá lugar un Concurso Internacional de Piano comprendiendo obras de Gabriel Fauré, del 25 al 27 de Abril próximo, en Luxemburgo.
- Incl. -

La Sociedad "Amis de Gabriel Fauré" desearía llamar la atención de los centros musicales mexicanos sobre el interés que presenta este concurso abierto a los jóvenes pianistas de todo el mundo.

A petición de la citada Sociedad, me permito remitirle con la presente el reglamento del concurso aludido, dejando a usted en libertad de difundirlo en los centros interesados, por los medios que le parezcan más oportunos./.

Ruego a usted, señor Director, se sirva aceptar las seguridades reiteradas de mi más distinguida consideración.

EL MINISTRO DE FRANCIA:

Señor Director
del Conservatorio Nacional de Música.
Calle de la Moneda 16.
Ciudad.

LEGATION DE BELGIQUE

MEXICO, le 14 janvier 1939.

N° 53/355

Señor Director,

Tengo la honra de acusar recibo de su atenta carta fechada el 10 de los corrientes por la que se sirve pedirme informes sobre la organización del <u>Conservatorio Real de Música en Bélgica</u>.

Adjunto remito a usted un folleto sobre esta institución que tal vez pueda serle útil. Son los únicos informes que poseo y de no serle suficientes, me permito sugerir a usted que los recabe ya sea directamente de la Institución belga, ya sea de la Legación de México en Bruselas que está más capacitada que yo para ministraselos.

Sin otro particular reitero a usted las seguridades de mi muy atenta consideración.

El Ministro de Bélgica:

Señor Doctor Adalberto García de Mendoza
    Director del Conservatorio Nacional
        Calle de la Moneda
            Ciudad.

JDM/s.

(17-550)

CONSULADO GENERAL BRITANICO,

MEXICO, D.F.

Enero 20 de 1939.

Señor Director del
Conservatorio Nacional de Música y
Declamación,
Calle de la Moneda No. 16,
México, D.F.

Muy señor mio:-

Tengo el gusto de acusar recibo de su muy atenta carta de fecha 15 de Enero de 1939 en la cual pide Ud. datos sobre el número, dirección y distribución de Conservatorios de Música, Facultades y Escuelas de Música existentes en la Gran Bretaña, y me complazco en adjuntar una lista de esas instituciones.

Atentamente me permito sugerirle se dirija Ud. directamente a las instituciones mencionadas en la lista adjunta con el fin de obtener sus programas de estudio, etc.

Así mismo podría convenirle a Ud. escribir al British Council, 3 Hanover Street, London, W.1, Inglaterra una organización cuyo objeto es fomentar las relaciones culturales entre la Gran Bretaña y otros países, la cual tal vez se interesara en recibir informes acerca del nuevo Programa del Conservatorio Nacional de Música para establecer relaciones con alumnos y profesores en el extranjero.

Aprovecho esta oportunidad para ofrecerme como su muy afmo. atto. y s.s.

Cónsul General de S.M. Británica.

The Royal Academy of Music,
    York Gate,
        Marylebone Road,
           London, N.W.1,
             England.

Royal College of Music,
    Prince Consort Road,
        South Kensignton,
           London, S.W.7,
             England.

Guildhall School of Music and Drama,
    John Carpenter Street,
        London, E.C.4,
           England.

Royal College of Organists,
    Kensington Gore,
        London, S.W.7,
           England.

Birmingham and Midland Institute,
    School of Music,
        1 to 18 Paradise Street,
           Birmingham, 1,
             England.

Blackheath Conservatoire of Music,
    London, S.E.3,
        England.

London College of Music,
    Gt. Marlborough Street,
        London, W.1,
           England.

School of English Church Music,
    S.P.C.K. House,
        Northumberland Avenue,
           London, W.C.2,
             England.

Tonic Sol-Fa College of Music,
26 Bloomsbury Square,
London, W.C.,
England.

Trinity College of Music,
Mandeville Place,
Manchester Square,
London, W.1,
England.

Royal Naval School of Music,
East Barracks,
Deal, Kent,
England.

Scottish National Academy of Music,
Edinburgh,
Scotland. (Escocia).

Nota:- Los Títulos en Música son concedidos por las Universidades siguientes:-
Universidad de-Oxford, Inglaterra,
"   "-Cambridge,   "
"   "-Victoria, Manchester, Inglaterra,
"   "-Durham, Inglaterra,
"   "-Wales, Cardiff, Gran Bretaña.
"   "-Edinburgh, Escocia, Gran Bretaña.
"   "-Dublin, Irlanda
Universidad Nacional de Irlanda, Dublin, Irlanda.

Consulado General Británico,
Mexico
Enero 20 de 1939.

THE FOREIGN SERVICE
    OF THE
UNITED STATES OF AMERICA

AMERICAN EMBASSY

México, March 16, 1940.

Señor Doctor Adalberto Garcia de Mendoza,
    Director del Conservatorio Nacional de Musica,
        México.

Dear Doctor Garcia de Mendoza:

The Ambassador has directed me to inform you in reply to your courteous letter of March 14, 1940, that he will be pleased to receive you at 11:30 o'clock on Tuesday morning, March 19, if that day and hour be convenient for you. If not, you may wish to call in the afternoon from 4 o'clock to 5 o'clock.

I might add that the Ambassador has received a letter from Professor Peterson of the California-Western Music Educators Conference and would like very much to discuss with you the plans which he proposes regarding a musical tour of México City in July, 1940.

Very truly yours,

Stephen E. Aguirre,
Secretary to Ambassador.

THE FOREIGN SERVICE
   OF THE
UNITED STATES OF AMERICA
AMERICAN CONSULATE GENERAL

México, D. F., 23 de febrero de 1939.

Sr. Dr. Adalberto García de Mendoza,
   Director del Conservatorio Nacional,
     México, D. F.

Señor Director:

Gustoso me refiero a mi carta del día 2 de febrero de 1939, y ahora le manifiesto que en contestación a los informes solicitados por este Consulado General al Departamento de Estado en la ciudad de Washington, D. C., dicha dependencia del Gobierno Americano ha informado que los nombres y direcciones de Conservatorios, Facultades y Colegios de Música en los Estados Unidos se podrán obtener de las publicaciones "Encyclopedia of Music and Musicians" por Oscar Thompson, y la "Music Year Book" por Pierre Kay.

También es sugerido que sería ventajoso para usted que comunique con la Asociación Nacional de Escuelas de Música, escribiendo al señor Howard Hanson, Eastman School of Music, Rochester, New York. Otras organizaciones que quizás serán en aptitudes para ayudarle son

     Music Teachers' National Association,
      Edwin Hughes, President,
       338 West Eighty-Ninth Street,
       New York, New York.

     The Federal Music Project,
      Mr. Charles Seegar,
      Ouray Building,
      Washington, D. C.

El Gobierno en Washington ha indicado a esta oficina que si las direcciones que usted desea no podrán ser obtenidas debido a la falta de las publicaciones citadas, será un gusto transcribirle los nombres y direcciones tomados de las publicaciones disponibles en Washington, pero que necesariamente esa lista sería menos completa que la obtenible directamente de las publicaciones citadas.

Sin otro particular por el momento, me subscribo su atento, seguro servidor y amigo.

James B. Stewart,
Cónsul General de los Estados Unidos
de América.

THE FOREIGN SERVICE
OF THE
UNITED STATES OF AMERICA

AMERICAN CONSULATE GENERAL

México, D.F., México,
3 de febrero de 1939.

Sr. Dr. Adalberto García de Mendoza,
    Director del Conservatorio Nacional,
    México, D.F.

Señor Director:

Me es grato acusar a usted recibo de su atenta carta del 10 de enero ppdo., dirigida al Sr. Embajador y en la que se sirve solicitar los nombres y direcciones de conservatorios, facultades y escuelas de música en los Estados Unidos.

En vista de que esta información no existe, en forma apropiada, ni en la Embajada ni en el Consulado General, ya escribo al Departamento de Estado en Washington solicitando el material informativo que usted requiere y tan luego como reciba contestación al respecto, me será grato comunicarme nuevamente con usted.

Sin otro particular, quedo de usted, su seguro servidor y muy atento amigo.

James B. Stewart,
Cónsul General de los Estados Unidos
de América.

DEPARTMENT OF STATE
WASHINGTON

8 de diciembre de 1939.

Dr. Adalberto García de Mendoza.
Director del Conservatorio Nacional de Música.-México.
Muy distinguido Señor:

Usted ha sido informado, sin duda, de que el Presidente de los Estados Unidos de América ha enviado invitaciones a los Gobiernos de las otras Repúblicas americanas para que participen en el Octavo Congreso Científico Americano que se reunirá en Wáshington, D. C. del 10 al 18 de mayo de 1940, conjuntamente con la celebración del Quincuagésimo Aniversario de la fundación de la Unión Pan Americana. Ha transcurrido un cuarto de siglo desde que este Gobierno disfrutó, por última vez, de la prerrogativa de servir de huesped a una de estas importantes reuniones interamericanas, y es con placer que ahora espera recibir nuevamente a los distinguidos eruditos y hombres de ciencia de nuestras repúblicas hermanas.

La acogida prestada tanto por los gobiernos como por las instituciones de ciencia, las sociedades científicas y los particulares a traves del Continente, a la invitación

Señor Jefe,
    Sección de Filosofía, Ateneo de Ciencias y Artes de México,
        México, D. F.

invitación para concurrir al Segundo Congreso Científico Panamericano que se reunió en Wáshington en diciembre de 1915 y enero de 1916, fué en extremo satisfactoria para este Gobierno asi como para las personas que se encargaron de su organización. Los años que han transcurrido desde entonces han sido testigos del desarrollo de nuevos conceptos de solidaridad y de colaboración interamericana, y es por ello que abrigamos la confianza de que este espíritu se manifestará una vez más a traves de una generosa participación en la próxima reunión.

Me es muy satisfactorio enviar a usted, con la presente, un ejemplar del Aviso Preliminar del Congreso y mucho le agradecería que tuviera la bondad de prestarme su valiosa cooperación a fin de lograr que la información en él contenida llegue al conocimiento del mayor número de los colegas y colaboradores de usted. Asimismo, me será muy grato enviar a usted, con toda oportunidad, cualesquiera nuevas informaciones relacionadas con la celebración de este Congreso.

Aprovecho esta oportunidad para ofrecer a usted las seguridades de mi muy distinguida consideración.

Sumner Welles,
Subsecretario de Estado y Presidente
de la Comisión Organizadora del
Octavo Congreso Científico
Americano

Anexo:

Aviso Preliminar

EASTMAN SCHOOL OF MUSIC
OF THE UNIVERSITY OF ROCHESTER

Qualification of Candidates

Graduates of the Eastman School of Music represent a carefully selected group of students. The school is an endowed institution with an enrollment in its degree courses limited to approximately 125 new students each year. The student body in these courses represents almost every state together with various other countries and numbers 400 undergraduate students and 50 graduate students. The school graduates from 70 to 80 students each year.

Careful Selection

Entering students are selected from the upper quartile of their graduating classes and in addition must have a decided talent for music and adequate preparation in music. The Eastman School is not financially interested in the student; continuance in the school throughout the four years of the curriculum is conditioned on a high standard of scholastic work. The graduate is, therefore, representative of the best type of musical talent obtainable. A detailed summary of the privileges and facilities enjoyed by students of the Eastman School of Music may be found in the annual catalogue.

University Standards

The Eastman School of Music is one of the schools of the University of Rochester. The degrees Bachelor of Music, Bachelor of Arts in Music, Master of Music, Master of Arts in Music and Doctor of Philosophy in Music, indicate that the possessor has not only completed a highly specialized course of music study but has also included a definite amount of academic study. It is evident that this arrangement has definite advantages.

Available Candidates

Because of its varied courses it is possible for the Eastman School to recommend graduates to fill a large number of diverse vacancies, each calling for special qualifications. Below are listed positions that can be filled by graduates now enrolled for appointment. In some cases a graduate may have qualifications that fit him for positions other than those listed:

1. *Teachers of music in college, university or conservatory.*
    Subjects — Voice, piano, organ, theory, composition, history of music, instrumental work, conducting.
2. *Supervisors of music in high schools, junior high schools, private schools.*
    General supervisors.
    Instrumental supervisors.
    Special music teachers.

3. *Professional services:*
    As members of symphony orchestras.
    As accompanists.
    As soloists.
4. *Church positions as organists, choir directors, soloists.*
5. *Conductors of band, orchestra, chorus.*
6. *Radio work as arrangers of music, program directors, performers, both soloists and in ensembles.*

Teaching Preparation

All candidates for teaching positions have completed a curriculum especially designed to develop proficiency in pedagogy. Students from the Public School Music Department have met state requirements for certification. All graduates are prepared to participate in public musical events and to assist musically in school and community projects.

For information on candidates to teach academic subjects address the Bureau of Educational Service, College of Arts and Science of the University of Rochester.

GRAND DUCHÉ DE LUXEMBOURG

CONCOURS GABRIEL FAURÉ

25 - 26 - 27 AVRIL 1939

RÈGLEMENT

Article I. - Sous le Haut Patronage de S. A. R. Madame la Grande Duchesse de Luxembourg, sous les auspices du Gouvernement Grand Ducal et en accord avec la Société des Amis de Gabriel Fauré (Fondation Henry de Jouvenel) un Concours International de Piano aura lieu à Luxembourg du 25 au 27 Avril 1939.

Article II. - Ce concours, doté d'un Prix de 20.000 francs luxembourgeois offert par le Gouvernement Grand Ducal, est consacré aux œuvres de Gabriel Fauré.

Ce prix sera décerné par un Jury International.

Article III. - Le concours sera ouvert aux pianistes - hommes et femmes - de toutes nationalités n'ayant pas dépassé 35 ans au 1er Avril 1939.

Article IV. - Les concurrents devront se faire inscrire par lettre au Siège de la Société des Amis de Gabriel Fauré: 8, Rue de Montpensier, Paris (1er), avant le 1er Avril 1939.

Article V. - Les concurrents sont tenus d'envoyer pour leur inscription les documents suivants:

1° des pièces dûment légalisées certifiant leur âge et leur nationalité.

2° l'adresse exacte de leur domicile.

Article VI. - Le concours comprendra **deux épreuves éliminatoires** qui auront lieu:

La première, les 25 et 26 Avril 1939.

La seconde, le 27 Avril 1939 de 9 à 12 heures.

L'épreuve finale aura lieu le 27 Avril à 20 h. 30.

Article VII. - La 1re épreuve éliminatoire, destinée à retenir **dix** concurrents, comprendra: Le 4e NOCTURNE et le 2e IMPROMPTU pour piano de Gabriel Fauré.

La 2e épreuve éliminatoire, qui désignera **quatre** candidats pour l'épreuve finale, consistera dans l'interprétation de la BALLADE pour Piano et Orchestre de Gabriel Fauré, la réduction d'orchestre étant exécutée à un second piano par un artiste choisi par les organisateurs du concours.

Article VIII. - Pour l'épreuve finale, les **quatre** concurrents retenus à la suite de la seconde épreuve éliminatoire rejoueront la BALLADE, cette fois avec accompagnement de l'Orchestre du Poste de Radio Luxembourg sous la Direction de M. Henri Pensis.

Cette dernière épreuve sera radiodiffusée par le poste Radio Luxembourg.

Une répétition avec l'Orchestre aura lieu, pour chacun des **quatre** concurrents, dans l'après-midi du 27 Avril.

Article IX. - Les concurrents devront jouer par cœur, aussi bien aux épreuves éliminatoires qu'à l'épreuve finale.

Article X. - Le titulaire du Prix sera engagé dans le courant de la saison 1939-1940 par le Poste de Radio Luxembourg, par la Société des Concerts du Conservatoire de Paris et par plusieurs grandes stations radiophoniques dont la liste sera publiée ultérieurement.

Article XI. - Les **trois** autres concurrents ayant participé à l'épreuve finale recevront chacun une somme de 2.000 francs luxembourgeois.

Article XII. - Au cours de l'épreuve éliminatoire, si le Jury constatait chez un candidat une insuffisance technique notoire, le Président se réserverait le droit d'interrompre l'exécution du morceau.

Article XIII. - Les décisions du Jury seront prises à la majorité des voix et inscrites dans un procès-verbal rédigé par le Secrétaire. Ces décisions seront sans appel. Le procès-verbal sera signé par les Membres du Jury.

Article XIV. - Les candidats se présenteront devant le Jury par ordre alphabétique, un tirage au sort ayant désigné la lettre initiale. Une convocation individuelle leur fixera le jour de l'épreuve éliminatoire.

Article XV. - Le Comité d'organisation du concours se réserve le droit d'apporter au présent règlement les modifications qui pourraient être jugées utiles et de prendre les mesures nécessaires à son bon fonctionnement.

MAESTROS DE MÚSICA

GRADUADOS EN EL

CONSERVATORIO NACIONAL DE MÚSICA

1939-1940

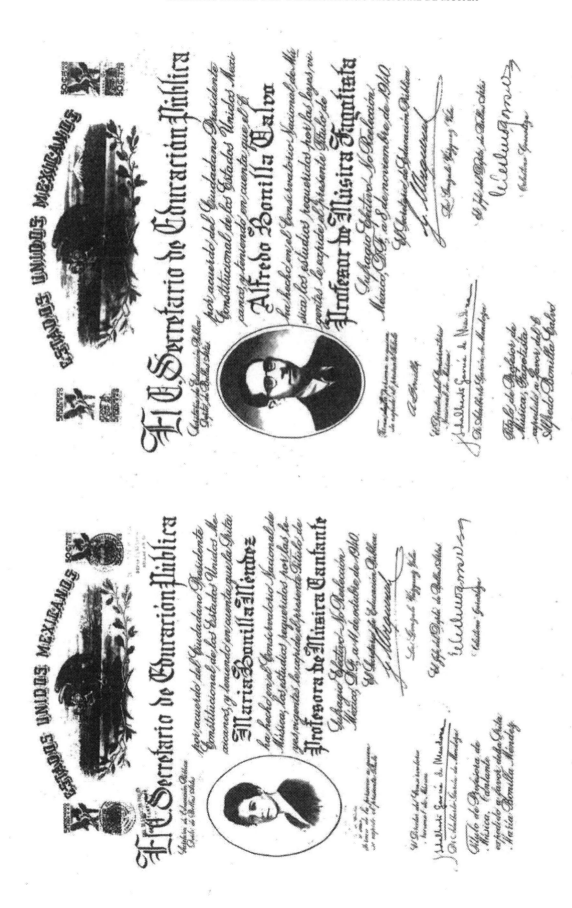

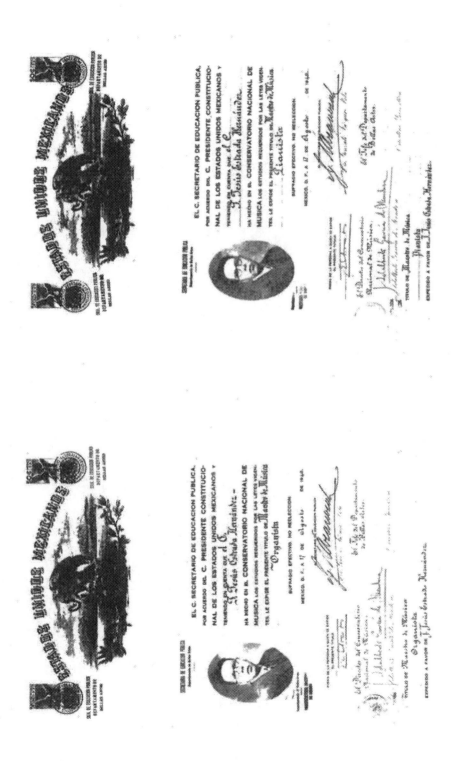

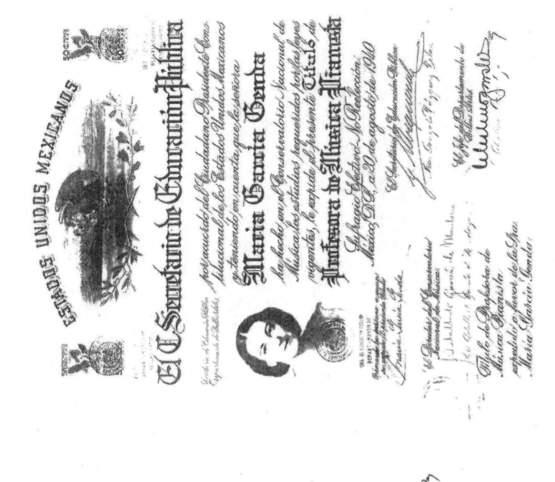

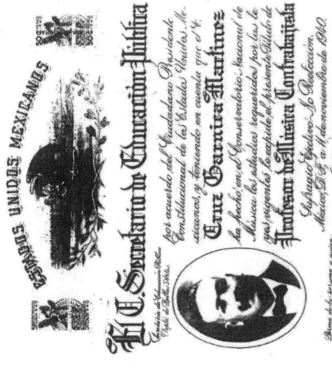

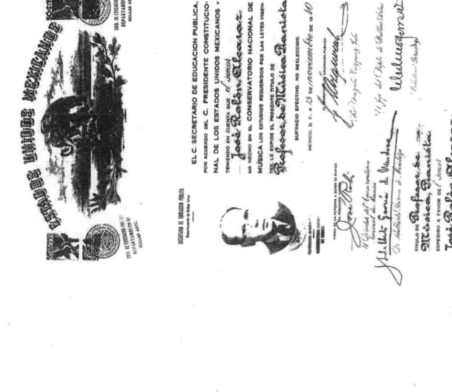

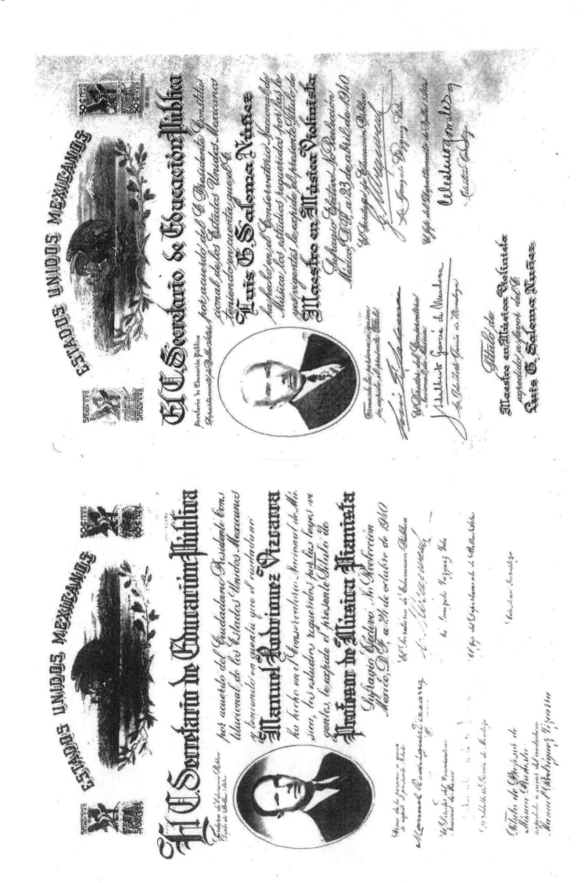

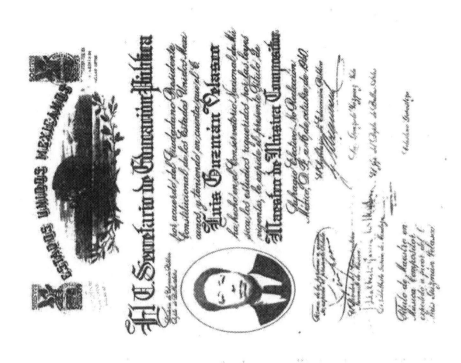

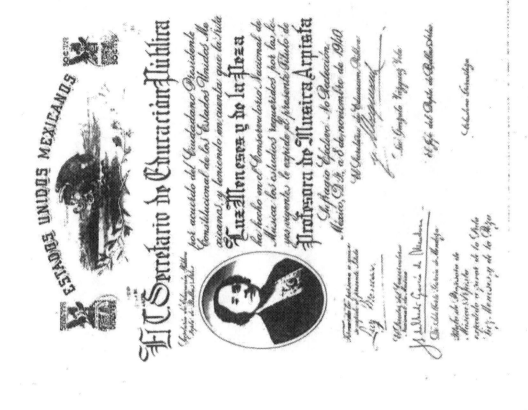

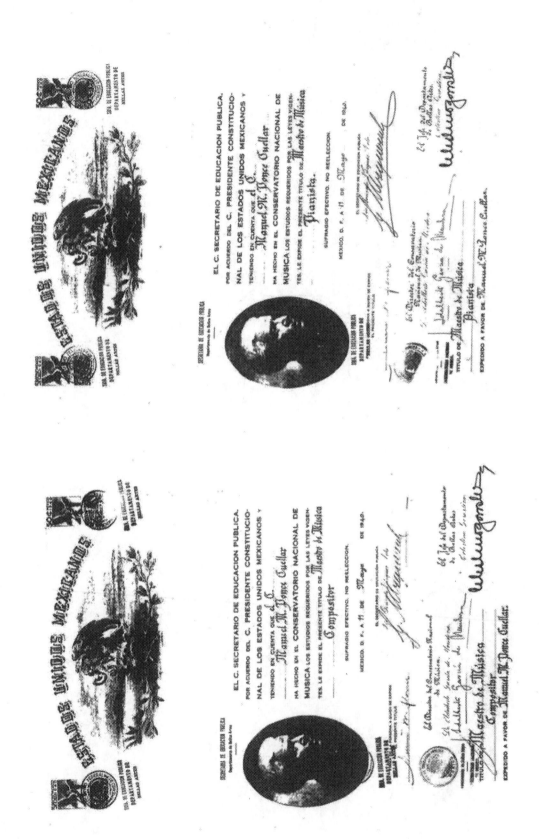

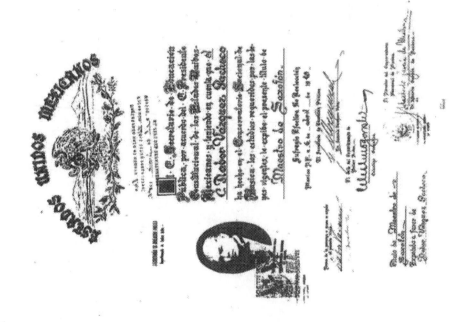

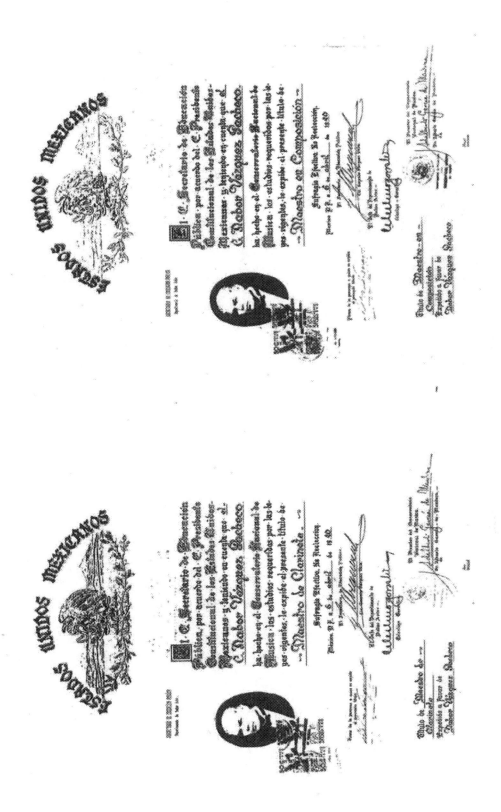

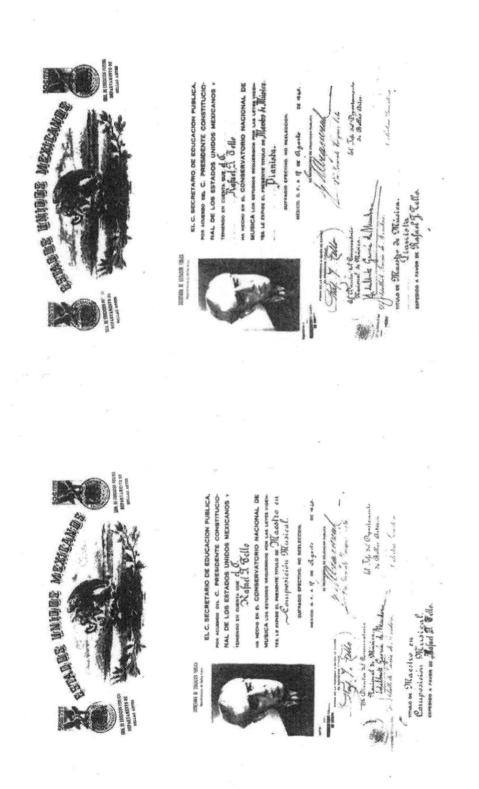

BIOGRAFÍA DEL DR. ADALBERTO GARCÍA DE MENDOZA

El Dr. Adalberto García de Mendoza, reconocido como "El Padre del Neokantismo Mexicano". Fue profesor erudito de filosofía y Música en la Universidad Nacional Autónoma de México por más de treinta y cinco años. Escribió aproximadamente setenta y cinco obras de filosofía (existencialismo, lógica, fenomenología, epistemología) y música. También escribió obras de teatro, obras literarias e innumerables ensayos, artículos y conferencias.

Nació en Pachuca, Hidalgo el 27 de marzo de 1900. En 1918 recibe una beca del Gobierno Mexicano para estudiar en Leipzig, Alemania donde toma cursos lectivos de piano y composición triunfando en un concurso internacional de improvisación.

Regresó a México en el año 1926, después de haber vivido en Alemania siete años estudiando en las Universidades de Leipsig, Heidelberg, Hamburg, Frankfurt, Freiburg, Cologne, y Marburg. Ahí siguió cursos con Rickert, Cassirer, Husserl, Scheler, Natorp y Heidegger, de modo que su formación Filosófica se hizo en contacto con la fenomenología, el neokantismo, el existencialismo y la axiología, doctrinas filosóficas que por entonces eran desconocidas en México.

Al año siguiente de su llegada en 1927, inició un curso de lógica en la Escuela Nacional Preparatoria y otros de metafísica, epistemología analítica y fenomenología en la Facultad de Filosofía y Letras. En estos cursos se introdujeron en la Universidad Nacional Autónoma de México las nuevas direcciones de la filosofía alemana, siendo el primero en enseñar en México el neokantismo de Baden y Marburgo, la fenomenología de Husserl y el existencialismo de Heidegger.

En 1929 recibió el título de Maestro en Filosofía y más tarde en 1936 obtuvo el título de Doctor en Filosofía. También terminó su carrera de ingeniero y mas tarde terminó su carrera de Licenciado en Derecho en la Universidad Nacional Autónoma de México. Ingresó al Conservatorio Nacional de Música de México donde rivalizó sus estudios hechos en Alemania y recibe en 1940 el título de Maestro de Música Pianista.

En 1929 el Dr. García de Mendoza hizo una gira cultural al Japón, representando a la Universidad Nacional Autónoma de México. Dio una serie de conferencias en la Universidad Imperial de Tokio y las Universidades de Kioto, Osaka, Nagoya, Yamada, Nikko, Nara Meiji y Keio. En 1933 la Universidad de Nuevo León lo invita para impartir 30 conferencias sobre fenomenología.

De 1938 a 1943 fue Director del Conservatorio Nacional de Música en México. Aquí mismo impartió clases de Estética Musical y Pedagogía Musicales.

En 1940 la Kokusai Bunka Shinkokai, en conmemoración a la Vigésima Sexta Centuria del Imperio Nipón, convocó un concurso Internacional de Filosofía, donde el Dr. García de Mendoza obtuvo el primer premio internacional con su libro "Visiones de Oriente." Es una obra inspirada en conceptos filosóficos Orientales. Recibió dicho premio personalmente en Japón en el año de 1954 por el Príncipe Takamatzu, hermano del Emperador del Japón.

Desde 1946 hasta 1963 fue catedrático de la Escuela Nacional Preparatoria (No 1, 2 y 6) dando clases de filosofía, lógica y cultura musical. También desde 1950 hasta 1963 fue catedrático en la Facultad de Filosofía y Letras y la Facultad de Ciencias Políticas de la UNAM dando clases de metafísica, didáctica de la filosofía, metafísica y epistemología analítica. También dio las clases de filosofía de la música y filosofía de la religión, siendo el fundador e iniciador de estas clases.

Desde 1945 a 1953 fue comentarista musicólogo por la Radio KELA en su programa "Horizontes Musicales." En estos mismos años dio una serie de conferencias sobre temas filosóficos y culturales intituladas: "Por el Mundo de la Filosofía." y "Por el Mundo de la Cultura" en la Radio Universidad, Radio Gobernación y la XELA.

Desde 1948 a 1963 fue inspector de los programas de matemáticas en las secundarias particulares incorporadas a la Secretaría de Educación Pública. En estos mismos años también fue inspector de los programas de cultura musical, filosofía, lógica, ética y filología en las preparatorias particulares incorporadas a la Universidad Nacional Autónoma de México.

Además fue Presidente de la Sección de Filosofía y Matemáticas del Ateneo de Ciencias y Artes de México. Fue miembro del Colegio de Doctores de la UNAM; de la Comisión Nacional de Cooperación Intelectual Mexicana; de la Asociación de Artistas y Escritores Latinoamericanos; del Ateneo Musical Mexicano; de la Tribuna de México; del Consejo Técnico de la Escuela Nacional Preparatoria de la UNAM y de la Liga de Escritores y Artistas Revolucionarios (LEAR).

Fue un ágil traductor del alemán, inglés y francés. Conocía además el latín y el griego. Hizo varias traducciones filosóficas del inglés, francés y alemán al español.

En 1962 recibió un diploma otorgado por la UNAM al cumplir 35 años como catedrático.

Falleció el 27 de septiembre de 1963 en la Ciudad de México.

Tratado de Lógica: Significaciones (Primera Parte)
Obra que sirvió de texto en la UNAM donde se introdujo el
Neokantismo, la Fenomenología, y el Existencialismo. 1932.
Edición agotada.

Tratado de Lógica: Esencias-Juicio-Concepto (Segunda Parte)
Texto en la UNAM. 1932.
Edición agotada.

Anales del Conservatorio Nacional de Música (Volumen 1)
Clases y programas del Conservatorio
Nacional de Música de México. 1941.
Edición agotada.

Filosofía Moderna Husserl, Scheller, Heideger
Conferencias en la Universidad Autónoma de Nuevo Leon.
Se expone la filosofia alemana contemporánea a través de estos tres
fenomenólogos alemanes. 1933.
Editorial Jitanjáfora 2004.
redutac@hotmail.com

Visiones de Oriente
Obra inspirada en conceptos filosóficos Orientales. En 1930
este libro recibe el Primer Premio Internacional de Filosofía.
Editorial Jitanjáfora 2007.
redutac@hotmail.com

CONFERENCIAS DE JAPÓN
Confencias sustentadas en la Universidad Imperial de Tokio
y diferentes Universidades de México y Japón. 1931-1934.
Editorial Jitanjáforea 2009.
redutac@hotmail.com

EL SENTIDO HUMANISTA EN LA OBRA DE JUAN SEBASTIAN BACH
Reflexiones Filosoficas sobre la vida y la obra
de Juan Sebastian Bach. 1938.
Editorial García de Mendoza 2008.
www.adalbertogarciademendoza.com

JUAN SEBASTIAN BACH
UN EJEMPLO DE VIRTUD
Escrito en el segundo centenario de la muerte de Juan Sebastian Bach
inpirado en "La pequeña cronica de Ana Magdalena Bach." 1950.
Editorial García de Mendoza 2008.
www.adalbertogarciademendoza.com

EL EXCOLEGIO NOVICIADO DE TEPOTZOTLÁN
ACTUAL MUSEO NACIONAL DEL VIRREINATO
Disertación filosófica sobre las capillas, retablos
y cuadros del templo de San Francisco Javier en 1936.
Editorial García de Mendoza 2010.
www.adalbertogarciademendoza.com

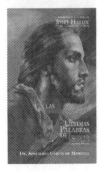

LAS SIETE ULTIMAS PALABRAS DE JESÚS
COMENTARIOS A LA OBRA DE JOSEF HAYDN
Disertación filosófica sobre la musíca, la pintura,
la literatura y la escúltura. 1945.
Editorial García de Mendoza 2011.
www.adalbertogarciademendoza.com

La Teoría de la Relatividad de Einstein

Einstein unifica en una sola formula todas las fuerzas de la Física.
Y afirma que el mundo necesita la paz y con ella se conseguirá la
prósperida de la cultura y de su bienestar. 1936.
Editorial Palibrio 2012.
Ventas@palibrio.com

La Filosofía Judaica de Maimónides

Bosquejo de la ética de Maimónides sobre el problema de la
libertad humana y la afirmación del humanismo, las dos más fuertes
argumentaciones sobre la existencia. 1938.
Editorial Palibrio 2012.
Ventas@palibrio.com

Johann Wolfgang Von Goethe

Obra escrita en el Segundo centenario del nacimiento de Johann
Wolfgang Goethe, genio múltiple que supo llegar a las profundidades
de la Filosofía, de la Poesía y de las Ciencia. 1949.
Editorial Palibrio 2012.
Ventas@Palibrio.com

Las Siete Ultimas Palabras de Jesús
Comentarios a la Obra de Josef Haydn. Segunda Edición

Disertación filosófica sobre la música, la pintura,
la literatura y la escúltura. 1945.
Editorial Palibrio 2012.
Ventas@Palibrio.com

Booz o La Liberación de la Humanidad

Novela filosófica inspirada en "La Divina Comedia" de Dante. 1947.
Editorial Palibrio 2012.
Ventas@Palibrio.com

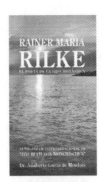

RAINER MARIA RILKE EL POETA DE LA VIDA MONÁSTICA
Semblanza e interpretación de la primera parte del "Libro de las Horas"
"Das Buch von Mönchischen Leben" de Rilke
llamado "Libro de la Vida Monástica." 1951.
Editorial Palibrio 2012.
Ventas @Palibrio.com

HORIZONTELS MUSICALES
Comentarios sobre las más bellas obras musicales. Dichos comentarios fueron
transmitidos por la Radio Difusora Metropolitana XELA de la Ciudad de
México entre los años 1945 y 1953 en su programa "Horizontes Musicales"
1943
Editorial Palibrio 2012
Ventas@Palibrio.com

JUAN SEBASTIAN BACH
UN EJEMPLO DE VIRTUD. 3RA EDICIÓN.
Incluye El Sentido Humanista en la Obra de Juan Sebastian Bach. 1950.
Editorial Palibrio 2012.
Ventas@Palibrio.com

ACUARELAS MUSICALES
Incluye: El Anillo del Nibelungo de Ricardo Wagner. 1938.
Editorial Palibrio 2012.
Ventas@Palibrio.com

LA DIRECCIÓN RACIONALISTA ONTOLÓGICA EN LA EPISTEMOLOGÍA
Tesis profesional para el Doctorado en Filosofía presentada en el año 1928.
Facultad de Filosofía y Letras de la Universidad Nacional Autónoma de
México. Presenta las tres clases de conocimientos en cada época cultural. El
empírico, que corresponde al saber del dominio, el especulativo que tiene por
base el pensamiento, y el intuitivo ,que sirve para dar bases sólidas de verdades
absolutas a todos los campos del saber. 1928.
Editorial Palibrio 2012.
Ventas@Palibrio.com

EL EXISTENCIALISMO

En kierkegaard, Dilthey, Heidegger y Sartre.
Programa: "Por el mundo de la cultura." Una nueva concepcion de la vida.
Serie de pláticas transmitidas por la Estación Radio México
sobre el Existencialismo. 1948.
Editorial Palibrio 2012.
Ventas@Palibrio.com

FUNDAMENTOS FILOSÓFICOS DE LA LÓGICA DIALÉCTICA

Toda verdadera filosofía debe ser realizable en la existencia humana. Filosofía
de la Vida. En estas palabras está el anhelo más profundo de renovación de
nuestra manera de pensar, intuir y vivir. 1937.
Editorial Palibrio 2012.
Ventas@Palibrio.com

EKANIZHTA

La humanidad debe realizarse a través de la existencia. Existencia que
intuye los maravillosos campos de la vida y las perennes lejanías del espíritu.
Existencia llena de angustia ante la vida, pletórica de preocupación ante el
mundo... Existencia radiante de belleza en la creación de lo viviente y en la
floración de lo eterno. 1936.
Editorial Palibrio 2012.
Ventas@Palibrio.com

CONCIERTOS. ORQUESTA SINFÓNICA DE LA UNIVERSIDAD NACIONAL AUTÓNOMA DE MÉXICO

Henos aquí nuevamente invitados a un Simposio de belleza en donde hemos
de deleitarnos con el arte profundamente humano de Beethoven, trágico de
Wagner, simbólico de Stravinsky, lleno de colorido de Rimsky-Korsakoff,
sugerente de Ravel y demás modernistas. 1949.
Editorial Palibrio 2012.
Ventas@Palibrio.com

NUEVOS PRINCIPIOS DE LÓGICA Y EPISTEMOLOGÍA
NUEVOS ASPECTOS DE LA FILOSOFÍA

Conferencias sustentadas en la Universidad Imperial de Tokio y diferentes
Universidades de Japón y México presentadas entre los años 1931 y
1934, donde se exponen los conceptos filosóficos del existencialismo, el
neokantismo, la fenomenología y la axiología, filosofía alemana desconocida
en México en aquella época.
Editorial Palibrio 2013
Ventas@Palibrio.com

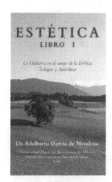

Estética Libro I
La Dialéctica en el campo de la Estética Trilogías y Antitéticos

Esta obra tiene como propósito ilustrar el criterio del gusto, no solo para las obras llamadas clásicas, sino fundamentalmente para comprender los nuevos intentos del arte a través de la pintura y la música, así como también la literatura, la escultura y la arquitectura que imponen la necesidad de reflexionar sobre su aparente obscuridad o snobismo. 1943.
Editorial Palibrio 2013
Ventas@Palibrio.com

El Oratorio, La Misa y El Poema Místico
La Música en el Tiempo

Pláticas sobre los ideales de la Edad Media con el Canto Gregoriano, el Renacimiento con el Mesías de Häendel, el Réquiem de Mozart, la Creación del Mundo de Haydn, el Parsifal de Wagner y la Canción de la tierra de Mahler. 1943.
Editorial Palibrio 2013
Ventas@Palibrio.com

Función social de las Universidades Americanas
Segunda Conferencia Interamericana

Crear una cultura americana es un intento que debe fortalecerse con una actividad eficiente y es propiamente el momento propicio para lograr la unificación humana del proletariado sobre bases de dignidad y superación. 1937.
Editorial Palibrio 2013
Ventas@Palibrio.com

La Evolución de la Lógica de 1910 a 1961
Reseña histórica de la Lógica

Los libros y las clases presentados por García de Mendoza entre los años 1929 y 1933 son de suma importancia ya que presentan nuevos horizontes en el campo de la Lógica y señalan claramente nuevos derroteros en el estudio de ella. 1961.
Editorial Palibrio 2013
Ventas@Palibrio.com

Antología de Obras Musicales
Comentarios

Comentarios sobre las más bellas obras Clásicas Musicales. 1947.
Editorial Palibrio 2013
Ventas@Palibrio.com

Manual de Lógica

Primer Cuaderno

Obra de suma importancia, que señala la urgente necesidad de emprender nuevos derroteros en el estudio de la Lógica. Descubre nuevos horizontes despertando gran interés por el estudio de esta disciplina. 1930.
Editorial Palibrio 2013
Ventas@Palibrio.com

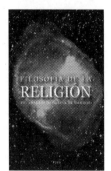

Filosofia de la Religión

La Filosofía de la Religión trata de la existencia y de las cualidades de Dios, de su posición frente al mundo en general y al hombre especialmente y de las formas de la religión, desde los puntos de vista psicológico, epistemológico, metafísico e histórico. 1949.
Editorial Palibrio 2013
Ventas@Palibrio.com

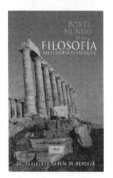

Por el Mundo de la Filosofía

Reflexiones Personales

Conferencias transmitidas por "Radio Universidad" sobre el neokantismo, la fenomenología y el existencialismo, filosofía alemana introducida en México por primera vez en el año de 1927 por el Dr. García de Mendoza. 1949.
Editorial Palibrio 2013
Ventas@Palibrio.com

Fuente de los valores y la sociologia de la cultura

Se establecen las relaciones entre la Ciencia y la Filosofía para darnos cuenta de lugar que debe ocupar la teoría de los valores y el lugar que le corresponde a la Sociología de la Cultura. 1938.
Editorial Palibrio 2013
Ventas@Palibrio.com

Ideal de la Paz por el Camino de la Educación

Reconocer la dignidad, la igualdad y el respeto a la persona humana es el pináculo de cultura que el mundo futuro exige. Toda la guerra ha sido un destrozo a este ideal; toda ella originada por la barbarie y la ambición, ha llevado al hombre a olvidar la dignidad humana, el respeto al ser humano, la igualdad de los hombres. 1946.
Editorial Palibrio 2014
Ventas@Palibrio.com

LÓGICA

Libro de texto publicado en 1932 en la UNAM en donde se introdujo la Fenomenología por primera vez en México en 1929, siendo el autor el primer introductor y animador de la Filosofía Alemana en México, reconocido como "El Padre del Neokantismo Mexicano".
Editorial Palibrio 2014
Ventas@Palibrio.com

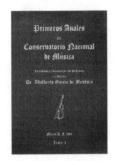

SCHUMANN

EL ALBUM DE LA JUVENTUD

Schumann escribió este " Album de la Juventud" que es un conjunto de composiciones musicales de una inspiración sublime, inspiradas en poetas como Goethe, Byron, Richter y otros más.
Editorial Palibrio 2014
Ventas@Palibrio.com

PRIMEROS ANALES DEL CONSERVATORIO NACIONAL DE MÚSICA

En los "Anales del Conservatorio" se consignan todos los datos necesarios sobre la actividad artística del Conservatorio así como el reglamento y plan de Estudios, Programas de clases, Conferencias y Conciertos.
Editorial Palibrio 2014
Ventas@Palibrio.com

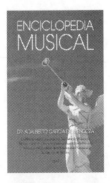

ENCICLOPEDIA MUSICAL

En este libro encontramos un estudio detenido de los elementos de altura, duración, entonación, intensidad etc que nos dan la facilidad de comprender la belleza de la música y su sentido expresivo.
Editorial Palibrio 2015
Ventas@Palibrio.com

MUSEO NACIONAL DEL VIRREINATO. TEPOTZOTLÁN

Disertación filosófica de las capillas, los altares y las pinturas del Templo de San Francisco Javier. Documento único y valioso del periodo virreinal de México. 1936.
Editorial Palibrio 2015
Ventas@Palibrio.com

EPISTEMOLOGÍA: "TEORÍA DEL CONOCIMIENTO"

Síntesis de la obra "Teoría del conocimiento" de J. Hessen. Es una introducción a los problemas que el conocimiento plantea. Presenta el vasto panorama de tales cuestiones, los diferentes puntos de vista y las varias soluciones propuestas. 1938.
Editorial Palibrio 2015
Ventas@Palibrio.com

LA FILOSOFÍA ORIENTAL Y EL PUESTO DE LA CULTURA DE JAPÓN EN EL MUNDO

Libro premiado con el primer lugar del Concurso Internacional de Filosofía Oriental, cuyo premio le fue entregado en Japón por Su Alteza Imperial, el principe Takamatsu, hermano del Emperador de Japón. 1930.
Editorial Palibrio 2015
Ventas@Palibrio.com

FENOMENOLOGÍA. FILOSOFÍA MODERNA

Fenomenología: Filosofía moderna expone la filosofía Alemana contemporanea a través de las ideas de los fenomenólogos: Husserl, Scheler y Heidegger. 1933
Editorial Palibrio 2015
Ventas@Palibrio.com

ROMANTICISMO EN LA VIDA Y LA OBRA DE CHOPIN

El romanticismo en la obra de Chopin canta con la libertad más grande y entona la romántica frase, pinta con enardecimiento su más íntima convicción y hace versos en la intimidad de su corazón. 1949
Editorial Palibrio 2015
Ventas@Palibrio.com

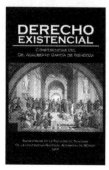

DERECHO EXISTENCIAL

"El Derecho Existencial" se impone cada día más y más y la comprención de la filosofía general y especialmente de la Filosofía del Derecho debe satisfacer a las exigencias que indudablemente nos vamos a encontrar después de la guerra actual cuando se trate de resolver las situaciones jurídicas en un sentido de sinceridad y de realidad. 1932
Editorial Palibrio 2015
Ventas@Palibrio.com

POR EL MUNDO DE LA MUSICA
El propósito de estas conferencias, es el de proporcionar el
conocimiento de la belleza de la música y su enorme importancia en la
cultura de los pueblos y de los individuos. 1950
Editorial Palibrio 2015
Ventas@Palibrio.com

EL ESOTERISMO DE LA DIVINA COMEDIA Y BOOZ O EL FILÓSOFO DE LA CIUDAD HUMANA
"El Esoterismo de la Divina Comedia" y "Booz o la Liberación de la
Humanidad", es una Disertación Filosófica sobre la "Divina Comedia"
de Dante Alighieri, que presenta la vida en su múltiple transformación y
en su perpetuo crear. 1947.
Editorial Palibrio 2016
Ventas@Palibrio.com

LA CIENCIA COMO INTEGRADORA DE LA CULTURA
Serie de conferencias que presentan nuevas visiones en la historia,
nuevos principios para la concepción de la naturaleza, nuevas soluciones
para el complicado problema del espíritu y nuevos aspectos en la vida
social. 1951
Editorial Palibrio 2016
Ventas@Palibrio.com

CURSO DE ÉTICA
La existencia que sólo puede llevarnos para comprender a la humani-
dad y la finalidad del hombre frente a todas las finalidades del universo,
principalmente a la finalidad de la sociedad. 1930.
Editorial Palibrio 2016
Ventas@Palibrio.com

PENSAMIENTOS DE UNA MUJER Y SELECCIONES LITERARIAS
Serie de refranes, pensamientos y comentarios sobre música, ciencia,
filosofía y otros temas. 1946
Editorial Palibrio 2016
Ventas@Palibrio.com

La Universidad

Alcance de su labor educativa y social y Conferencias Filosóficas

Libro que trata sobre las Universidades del futuro que deben sostener como pendón de sus actividades la tesis de un resurgimiento consciente y verdadero de la democracia y de la libertad. 1950.
Editorial Palibrio 2016
Ventas@Palibrio.com

La experiencia moral fundamental

Una introducción a la Ética de Herman Nohl

Comentario a la obra de Hermann Nohl "Una introducción a la Ética" que incluye el "Menón", diálogo Platónico que trata de llegar a definir lo que se entiende por virtud, que es un estado de ánimo propio de los seres fuertes para vencer en las empresas nobles y difíciles. Curso ofrecido en la clase de Etica en el Colegio Aleman en 1956.
Editorial Palibrio 2016
Ventas@Palibrio.com

El hombre integral en la nueva educación

Congreso pedagógico de la Unesco celebrado en Monterrey, sobre la educación 1946

Comentarios sobre el mensaje de la UNESCO en Monterrey, México sobre la educación para la libertad y la paz. 1948
Editorial Palibrio 2017
Ventas@Palibrio.com

El problema de los valores y la sociología de la cultura 1933

Este obra trata de la creación de la cultura que necesita tanto del genio, como de las exigencias y aspiraciones de los pueblos. 1933.
Editorial Palibrio 2017
Ventas@Palibrio.com

Beethoven

En este libro se presenta una de las más bellas expresiones de la música vocal e instrumental, la cual resume todas las exigencias que el ritual exige para el sacrificio desarrollado a través de la Liturgia. 1940.
Editorial Palibrio 2017
Ventas@Palibrio.com

Cultura musical

Primer Año

Este curso trata de enseñar a escuchar correctamente una obra musical. Así como se necesita saber mirar una buena pintura, así también es necesario saber escuchar. 1956.
Editorial Palibrio 2017
Ventas@Palibrio.com

Cultura musical

Segundo año

En este curso se enseña entre otros temas, la naturaleza de la música del Renacimiento, el estilo Barroco, la escuela çlásica, la tendencia Romántica, la formulación Impresionista y asi sucesivamente. De esta manera quedará impreso indeleblemente en la mente del joven un conocimiento de forma viviente. 1956.
Editorial Palibrio 2017
Ventas@Palibrio.com

Enfoques musicales

Primer curso superior

El texto expone la comprensión de la naturaleza del arte musical, a través de sus varias formas de expresión para comprender el sentido de la música. 1956.
Editorial Palibrio 2018
Ventas@Palibrio.com

Estampas musicales

Segundo curso superior

Libro de Texto que estudia las formas musicales más importantes a través de la historia ofreciendo el más bello horizonte de especulación filosófica, científica y artística. 1956.
Editorial Palibrio 2018
Ventas@Palibrio.com

Claudio Debussy
Un ensayo y una impresión

En esta obra se estudian la fuentes del Imprecionismo Musical de Debussy, el cual se encuentra en el arte pictórico y poético. Forma nueva en donde la subjetividad domina para realizarse en la música, la pintura y la poesia. 1951
Editorial Palibrio 2018
Ventas@Palibrio.com

HISTORIA DE LA LÓGICA

Texto que estudia la discipllina filosófica de los pensamientos
representada por Aristóteles, Platón, Santo Tomás de Aquino, Decartes,
Augustus y otros más a través de la época Antigua, Media, Moderna
y Contemporánea. Dr. Adalberto García de Mendoza y Dr. Evodio
Escalante. 1930
Editorial Palibrio 2018
Ventas@Palibrio.com

Segundos anales del conservatorio nacional de música

En este Segundo tomo de los Anales se presentan las labores de
maestros y alumnos del Conservatorio con la finalidad de impulsar el arte
musical.
Editorial Palibrio 2018
Ventas@Palibrio.com

**Terceros anales del conservatorio nacional de música. Formulados
y redactados por los Profesores y el Director. México Año de 1941.
Tomo III**

Los documentos en este tercer libro del Conservatorio describen las
actividades y reformas que se desarroyaron entre los años 1938 a 1943
bajo la dirección del Dr. Adalberto García de Mendoza, director del
Conservatorio.
Editorial Palibrio 2018
Ventas@Palibrio.com